学ぶ人は、
変えて
ゆく人だ。

目の前にある問題はもちろん、

人生の問いや、社会の課題を自ら見つけ、

挑み続けるために、人は学ぶ。

「学び」で、少しずつ世界は変えてゆける。

いつでも、どこでも、誰でも、

学ぶことができる世の中へ。

旺文社

2023年度版

文部科学省後援
英検®4級
過去6回全問題集

※ 本書に収録されている過去問は、公益財団法人 日本英語検定協会から提供を受けたもののみです。準会場・海外受験などの問題とは一致しない場合があります。スピーキングテストの過去問は、公益財団法人 日本英語検定協会が公開していないので掲載しておりません。

※ このコンテンツは、公益財団法人 日本英語検定協会の承認や推奨、その他の検討を受けたものではありません。

英検®は、公益財団法人 日本英語検定協会の登録商標です。　旺文社

英検®受験の流れ

❶ 一次試験当日

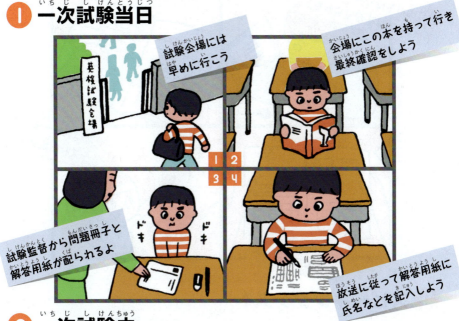

❷ 一次試験中

❸ 一次試験が終わったら…

❹ スピーキングテスト

2022年度第2回　英検4級　解答用紙

[注意事項]
① 解答にはHBの黒鉛筆（シャープペンシルも可）を使用し、解答を訂正する場合には消しゴムで完全に消してください。
② 解答用紙は絶対に汚したり折り曲げたり、所定以外のところへの記入はしないでください。

③ マーク例

良い例	悪い例
●	◐ ✗ ◖

これ以下の濃さのマークは読めません。

	解答欄	1	2	3	4
	問題番号				
1	(1)	①	②	③	④
	(2)	①	②	③	④
	(3)	①	②	③	④
	(4)	①	②	③	④
	(5)	①	②	③	④
	(6)	①	②	③	④
	(7)	①	②	③	④
	(8)	①	②	③	④
	(9)	①	②	③	④
	(10)	①	②	③	④
	(11)	①	②	③	④
	(12)	①	②	③	④
	(13)	①	②	③	④
	(14)	①	②	③	④
	(15)	①	②	③	④

	解答欄	1	2	3	4
	問題番号				
2	(16)	①	②	③	④
	(17)	①	②	③	④
	(18)	①	②	③	④
	(19)	①	②	③	④
	(20)	①	②	③	④
3	(21)	①	②	③	④
	(22)	①	②	③	④
	(23)	①	②	③	④
	(24)	①	②	③	④
	(25)	①	②	③	④
4	(26)	①	②	③	④
	(27)	①	②	③	④
	(28)	①	②	③	④
	(29)	①	②	③	④
	(30)	①	②	③	④
	(31)	①	②	③	④
	(32)	①	②	③	④
	(33)	①	②	③	④
	(34)	①	②	③	④
	(35)	①	②	③	④

	リスニング解答欄	1	2	3	4
	問題番号				
	例題	①	②	●	
第1部	No. 1	①	②	③	
	No. 2	①	②	③	
	No. 3	①	②	③	
	No. 4	①	②	③	
	No. 5	①	②	③	
	No. 6	①	②	③	
	No. 7	①	②	③	
	No. 8	①	②	③	
	No. 9	①	②	③	
	No. 10	①	②	③	
第2部	No. 11	①	②	③	④
	No. 12	①	②	③	④
	No. 13	①	②	③	④
	No. 14	①	②	③	④
	No. 15	①	②	③	④
	No. 16	①	②	③	④
	No. 17	①	②	③	④
	No. 18	①	②	③	④
	No. 19	①	②	③	④
	No. 20	①	②	③	④
第3部	No. 21	①	②	③	④
	No. 22	①	②	③	④
	No. 23	①	②	③	④
	No. 24	①	②	③	④
	No. 25	①	②	③	④
	No. 26	①	②	③	④
	No. 27	①	②	③	④
	No. 28	①	②	③	④
	No. 29	①	②	③	④
	No. 30	①	②	③	④

2022年度第2回 Web特典「自動採点サービス」対応オンラインマークシート
※検定の回によって2次元コードが違います。
※ PCからも利用できます（本書 P7 参照）。

※実際のマークシートに似せていますが、デザイン・サイズは異なります。

2022年度第1回　英検4級　解答用紙

【注意事項】
① 解答にはHBの黒鉛筆（シャープペンシルも可）を使用し、解答を訂正する場合には消しゴムで完全に消してください。
② 解答用紙は絶対に汚したり折り曲げたり、所定以外のところへの記入はしないでください。

③ マーク例

良い例	悪い例
●	○ ✗ ◐

これ以下の濃さのマークは読めません。

解答欄					
問題番号		1	2	3	4
1	(1)	①	②	③	④
	(2)	①	②	③	④
	(3)	①	②	③	④
	(4)	①	②	③	④
	(5)	①	②	③	④
	(6)	①	②	③	④
	(7)	①	②	③	④
	(8)	①	②	③	④
	(9)	①	②	③	④
	(10)	①	②	③	④
	(11)	①	②	③	④
	(12)	①	②	③	④
	(13)	①	②	③	④
	(14)	①	②	③	④
	(15)	①	②	③	④

解答欄					
問題番号		1	2	3	4
2	(16)	①	②	③	④
	(17)	①	②	③	④
	(18)	①	②	③	④
	(19)	①	②	③	④
	(20)	①	②	③	④
3	(21)	①	②	③	④
	(22)	①	②	③	④
	(23)	①	②	③	④
	(24)	①	②	③	④
	(25)	①	②	③	④
4	(26)	①	②	③	④
	(27)	①	②	③	④
	(28)	①	②	③	④
	(29)	①	②	③	④
	(30)	①	②	③	④
	(31)	①	②	③	④
	(32)	①	②	③	④
	(33)	①	②	③	④
	(34)	①	②	③	④
	(35)	①	②	③	④

リスニング解答欄					
問題番号		1	2	3	4
	例題	①	②	●	
第1部	No. 1	①	②	③	
	No. 2	①	②	③	
	No. 3	①	②	③	
	No. 4	①	②	③	
	No. 5	①	②	③	
	No. 6	①	②	③	
	No. 7	①	②	③	
	No. 8	①	②	③	
	No. 9	①	②	③	
	No. 10	①	②	③	
第2部	No. 11	①	②	③	④
	No. 12	①	②	③	④
	No. 13	①	②	③	④
	No. 14	①	②	③	④
	No. 15	①	②	③	④
	No. 16	①	②	③	④
	No. 17	①	②	③	④
	No. 18	①	②	③	④
	No. 19	①	②	③	④
	No. 20	①	②	③	④
第3部	No. 21	①	②	③	④
	No. 22	①	②	③	④
	No. 23	①	②	③	④
	No. 24	①	②	③	④
	No. 25	①	②	③	④
	No. 26	①	②	③	④
	No. 27	①	②	③	④
	No. 28	①	②	③	④
	No. 29	①	②	③	④
	No. 30	①	②	③	④

2022年度第1回
Web特典「自動採点サービス」対応
オンラインマークシート
※検定の回によって2次元コードが違います。
※PCからも利用できます（本書P7参照）。

※実際のマークシートに似せていますが、デザイン・サイズは異なります。

2021年度第3回　英検4級　解答用紙

【注意事項】
① 解答にはHBの黒鉛筆（シャープペンシルも可）を使用し、解答を訂正する場合には消しゴムで完全に消してください。
② 解答用紙は絶対に汚したり折り曲げたり、所定以外のところへの記入はしないでください。

③ マーク例

これ以下の濃さのマークは読めません。

解答欄				
問題番号	1	2	3	4
1 (1)	①	②	③	④
(2)	①	②	③	④
(3)	①	②	③	④
(4)	①	②	③	④
(5)	①	②	③	④
(6)	①	②	③	④
(7)	①	②	③	④
(8)	①	②	③	④
(9)	①	②	③	④
(10)	①	②	③	④
(11)	①	②	③	④
(12)	①	②	③	④
(13)	①	②	③	④
(14)	①	②	③	④
(15)	①	②	③	④

解答欄				
問題番号	1	2	3	4
2 (16)	①	②	③	④
(17)	①	②	③	④
(18)	①	②	③	④
(19)	①	②	③	④
(20)	①	②	③	④
3 (21)	①	②	③	④
(22)	①	②	③	④
(23)	①	②	③	④
(24)	①	②	③	④
(25)	①	②	③	④
4 (26)	①	②	③	④
(27)	①	②	③	④
(28)	①	②	③	④
(29)	①	②	③	④
(30)	①	②	③	④
(31)	①	②	③	④
(32)	①	②	③	④
(33)	①	②	③	④
(34)	①	②	③	④
(35)	①	②	③	④

リスニング解答欄				
問題番号	1	2	3	4
例題	①	②	●	
第1部 No. 1	①	②	③	
No. 2	①	②	③	
No. 3	①	②	③	
No. 4	①	②	③	
No. 5	①	②	③	
No. 6	①	②	③	
No. 7	①	②	③	
No. 8	①	②	③	
No. 9	①	②	③	
No. 10	①	②	③	
第2部 No. 11	①	②	③	④
No. 12	①	②	③	④
No. 13	①	②	③	④
No. 14	①	②	③	④
No. 15	①	②	③	④
No. 16	①	②	③	④
No. 17	①	②	③	④
No. 18	①	②	③	④
No. 19	①	②	③	④
No. 20	①	②	③	④
第3部 No. 21	①	②	③	④
No. 22	①	②	③	④
No. 23	①	②	③	④
No. 24	①	②	③	④
No. 25	①	②	③	④
No. 26	①	②	③	④
No. 27	①	②	③	④
No. 28	①	②	③	④
No. 29	①	②	③	④
No. 30	①	②	③	④

2021年度第3回
Web特典「自動採点サービス」対応
オンラインマークシート
※検定の回によって2次元コードが違います。
※ PCからも利用できます（本書P7参照）。

※実際のマークシートに似せていますが、デザイン・サイズは異なります。

切り取り線

2021年度第2回 英検4級 解答用紙

【注意事項】
① 解答にはHBの黒鉛筆（シャープペンシルも可）を使用し、解答を訂正する場合には消しゴムで完全に消してください。
② 解答用紙は絶対に汚したり折り曲げたり、所定以外のところへの記入はしないでください。

③ マーク例

良い例	悪い例
●	◐ ✗ ◕

これ以下の濃さのマークは読めません。

解答欄

問題番号		1	2	3	4
1	(1)	①	②	③	④
	(2)	①	②	③	④
	(3)	①	②	③	④
	(4)	①	②	③	④
	(5)	①	②	③	④
	(6)	①	②	③	④
	(7)	①	②	③	④
	(8)	①	②	③	④
	(9)	①	②	③	④
	(10)	①	②	③	④
	(11)	①	②	③	④
	(12)	①	②	③	④
	(13)	①	②	③	④
	(14)	①	②	③	④
	(15)	①	②	③	④

解答欄

問題番号		1	2	3	4
2	(16)	①	②	③	④
	(17)	①	②	③	④
	(18)	①	②	③	④
	(19)	①	②	③	④
	(20)	①	②	③	④
3	(21)	①	②	③	④
	(22)	①	②	③	④
	(23)	①	②	③	④
	(24)	①	②	③	④
	(25)	①	②	③	④
4	(26)	①	②	③	④
	(27)	①	②	③	④
	(28)	①	②	③	④
	(29)	①	②	③	④
	(30)	①	②	③	④
	(31)	①	②	③	④
	(32)	①	②	③	④
	(33)	①	②	③	④
	(34)	①	②	③	④
	(35)	①	②	③	④

リスニング解答欄

問題番号		1	2	3	4
	例題	①	②	●	
第1部	No. 1	①	②	③	
	No. 2	①	②	③	
	No. 3	①	②	③	
	No. 4	①	②	③	
	No. 5	①	②	③	
	No. 6	①	②	③	
	No. 7	①	②	③	
	No. 8	①	②	③	
	No. 9	①	②	③	
	No. 10	①	②	③	
第2部	No. 11	①	②	③	④
	No. 12	①	②	③	④
	No. 13	①	②	③	④
	No. 14	①	②	③	④
	No. 15	①	②	③	④
	No. 16	①	②	③	④
	No. 17	①	②	③	④
	No. 18	①	②	③	④
	No. 19	①	②	③	④
	No. 20	①	②	③	④
第3部	No. 21	①	②	③	④
	No. 22	①	②	③	④
	No. 23	①	②	③	④
	No. 24	①	②	③	④
	No. 25	①	②	③	④
	No. 26	①	②	③	④
	No. 27	①	②	③	④
	No. 28	①	②	③	④
	No. 29	①	②	③	④
	No. 30	①	②	③	④

2021年度第2回 Web特典「自動採点サービス」対応 オンラインマークシート
※検定の回によって2次元コードが違います。
※ PCからも利用できます（本書P7参照）。

※実際のマークシートに似ていますが、デザイン・サイズは異なります。

切り取り線

2021年度第1回　英検4級　解答用紙

【注意事項】
① 解答にはHBの黒鉛筆（シャープペンシルも可）を使用し、解答を訂正する場合には消しゴムで完全に消してください。
② 解答用紙は絶対に汚したり折り曲げたり、所定以外のところへの記入はしないでください。
③ マーク例

良い例	悪い例
●	◐ ✗ ◗

これ以下の濃さのマークは読めません。

解答欄

問題番号	1	2	3	4
1 (1)	①	②	③	④
(2)	①	②	③	④
(3)	①	②	③	④
(4)	①	②	③	④
(5)	①	②	③	④
(6)	①	②	③	④
(7)	①	②	③	④
(8)	①	②	③	④
(9)	①	②	③	④
(10)	①	②	③	④
(11)	①	②	③	④
(12)	①	②	③	④
(13)	①	②	③	④
(14)	①	②	③	④
(15)	①	②	③	④

問題番号	1	2	3	4
2 (16)	①	②	③	④
(17)	①	②	③	④
(18)	①	②	③	④
(19)	①	②	③	④
(20)	①	②	③	④
3 (21)	①	②	③	④
(22)	①	②	③	④
(23)	①	②	③	④
(24)	①	②	③	④
(25)	①	②	③	④
4 (26)	①	②	③	④
(27)	①	②	③	④
(28)	①	②	③	④
(29)	①	②	③	④
(30)	①	②	③	④
(31)	①	②	③	④
(32)	①	②	③	④
(33)	①	②	③	④
(34)	①	②	③	④
(35)	①	②	③	④

リスニング解答欄

問題番号	1	2	3	4
例題	①	②	●	
第1部 No. 1	①	②	③	
No. 2	①	②	③	
No. 3	①	②	③	
No. 4	①	②	③	
No. 5	①	②	③	
No. 6	①	②	③	
No. 7	①	②	③	
No. 8	①	②	③	
No. 9	①	②	③	
No. 10	①	②	③	
第2部 No. 11	①	②	③	④
No. 12	①	②	③	④
No. 13	①	②	③	④
No. 14	①	②	③	④
No. 15	①	②	③	④
No. 16	①	②	③	④
No. 17	①	②	③	④
No. 18	①	②	③	④
No. 19	①	②	③	④
No. 20	①	②	③	④
第3部 No. 21	①	②	③	④
No. 22	①	②	③	④
No. 23	①	②	③	④
No. 24	①	②	③	④
No. 25	①	②	③	④
No. 26	①	②	③	④
No. 27	①	②	③	④
No. 28	①	②	③	④
No. 29	①	②	③	④
No. 30	①	②	③	④

2021年度第1回 Web特典「自動採点サービス」対応 オンラインマークシート
※検定の回によって2次元コードが違います。
※PCからも利用できます（本書P7参照）。

※実際のマークシートに似せていますが、デザイン・サイズは異なります。

2020年度第3回 英検4級 解答用紙

【注意事項】
① 解答にはHBの黒鉛筆（シャープペンシルも可）を使用し、解答を訂正する場合には消しゴムで完全に消してください。
② 解答用紙は絶対に汚したり折り曲げたり、所定以外のところへの記入はしないでください。
③ マーク例

良い例	悪い例
●	

これ以下の濃さのマークは読めません。

解答欄

問題番号	1	2	3	4
1 (1)	①	②	③	④
(2)	①	②	③	④
(3)	①	②	③	④
(4)	①	②	③	④
(5)	①	②	③	④
(6)	①	②	③	④
(7)	①	②	③	④
(8)	①	②	③	④
(9)	①	②	③	④
(10)	①	②	③	④
(11)	①	②	③	④
(12)	①	②	③	④
(13)	①	②	③	④
(14)	①	②	③	④
(15)	①	②	③	④

解答欄

問題番号	1	2	3	4
2 (16)	①	②	③	④
(17)	①	②	③	④
(18)	①	②	③	④
(19)	①	②	③	④
(20)	①	②	③	④
3 (21)	①	②	③	④
(22)	①	②	③	④
(23)	①	②	③	④
(24)	①	②	③	④
(25)	①	②	③	④
4 (26)	①	②	③	④
(27)	①	②	③	④
(28)	①	②	③	④
(29)	①	②	③	④
(30)	①	②	③	④
(31)	①	②	③	④
(32)	①	②	③	④
(33)	①	②	③	④
(34)	①	②	③	④
(35)	①	②	③	④

リスニング解答欄

問題番号	1	2	3	4
例題	①	②	●	
第1部 No. 1	①	②	③	
No. 2	①	②	③	
No. 3	①	②	③	
No. 4	①	②	③	
No. 5	①	②	③	
No. 6	①	②	③	
No. 7	①	②	③	
No. 8	①	②	③	
No. 9	①	②	③	
No. 10	①	②	③	
第2部 No. 11	①	②	③	④
No. 12	①	②	③	④
No. 13	①	②	③	④
No. 14	①	②	③	④
No. 15	①	②	③	④
No. 16	①	②	③	④
No. 17	①	②	③	④
No. 18	①	②	③	④
No. 19	①	②	③	④
No. 20	①	②	③	④
第3部 No. 21	①	②	③	④
No. 22	①	②	③	④
No. 23	①	②	③	④
No. 24	①	②	③	④
No. 25	①	②	③	④
No. 26	①	②	③	④
No. 27	①	②	③	④
No. 28	①	②	③	④
No. 29	①	②	③	④
No. 30	①	②	③	④

切り取り線

2020年度第3回 Web特典「自動採点サービス」対応 オンラインマークシート
※検定の回によって2次元コードが違います。
※ PCからも利用できます（本書P7参照）。

※実際のマークシートに似せていますが、デザイン・サイズは異なります。

Introduction

はじめに

実用英語技能検定（英検®）は，年間受験者数410万人（英検IBA，英検Jr. との総数）の小学生から社会人まで，幅広い層が受験する国内最大級の資格試験で，1963年の第1回検定からの累計では1億人を超える人々が受験しています。英検®は，コミュニケーションに欠かすことのできない技能をバランスよく測定することを目的としており，英検®の受験によってご自身の英語力を把握することができます。

この『全問題集シリーズ』は，英語を学ぶ皆さまを応援する気持ちを込めて刊行されました。本書は，2022年度第2回検定を含む6回分の過去問を，日本語訳や詳しい解説とともに収録しています。

本書が皆さまの英検合格の足がかりとなり，さらには国際社会で活躍できるような生きた英語を身につけるきっかけとなることを願っています。

最後に，本書を刊行するにあたり，多大なご尽力をいただきました敬愛大学教授・英語教育開発センター長 向後秀明先生に深く感謝の意を表します。

2023年　春

もくじ

Contents

本書の使い方 …………………………………… 3

音声について ……………………………………… 4

Web 特典について ……………………………… 6

自動採点サービスの利用方法 ………………… 7

英検インフォメーション ……………………………… 8
　試験内容／合否判定方法／2023年度 受験情報－2023年度 試験日程・
　申込方法

英検4級の試験形式とポイント ………………………12

2022年度　第2回検定（筆記・リスニング）………… 17
　　　　　　　第1回検定（筆記・リスニング）………… 35

2021年度　第3回検定（筆記・リスニング）………… 53
　　　　　　　第2回検定（筆記・リスニング）………… 71
　　　　　　　第1回検定（筆記・リスニング）………… 89

2020年度　第3回検定（筆記・リスニング）………… 107

執　　筆：向後秀明（敬愛大学）
編集協力：株式会社 カルチャー・プロ，山下鉄也（木静舎）
録　　音：ユニバ合同会社
デザイン：林 慎一郎（及川真咲デザイン事務所）
イラスト：鹿又きょうこ（口絵 英検受験の流れ）
　　　　　　瀬々倉匠美子（Web特典 予想問題）
組版・データ作成協力：幸和印刷株式会社

2

本書の使い方

ここでは，本書の過去問および特典についての活用法の一例を紹介します。

本書の内容

（P8-11）　（P12-15）

（P6-7）

本書の使い方

一次試験対策

【情報収集・傾向把握】
・英検インフォメーション
・英検4級の試験形式とポイント
・【Web特典】
　個人情報の書き方
　リスニングテストのポイント

【過去問にチャレンジ】
・2022年度第2回
・2022年度第1回
・2021年度第3回
・2021年度第2回
・2021年度第1回
・2020年度第3回
　※【Web特典】自動採点サービスの活用

スピーキングテスト

【予想問題にチャレンジ】
・【Web特典】
　スピーキングテスト予想問題／解答例

過去問の取り組み方

1セット目
【実力把握モード】
本番の試験と同じように，制限時間を設けて取り組みましょう。どの問題形式に時間がかかりすぎているか，正答率が低いかなど，今のあなたの実力をつかみ，学習に生かしましょう。
「自動採点サービス」を活用して，答え合わせをスムーズに行いましょう。

2〜5セット目
【学習モード】
制限時間をなくし，解けるまで取り組みましょう。
リスニングは音声を繰り返し聞いて解答を導き出してもかまいません。すべての問題に正解できるまで見直します。

6セット目
【仕上げモード】
試験直前の仕上げに利用しましょう。時間を計って本番のつもりで取り組みます。
これまでに取り組んだ6セットの過去問で間違えた問題の解説を本番試験の前にもう一度見直しましょう。

3

音声について

収録内容

一次試験・リスニングの音声を聞くことができます。本書とともに使い，効果的なリスニング対策をしましょう。

【特長】
リスニング

本番の試験の音声を収録	→	スピードをつかめる！
解答時間は本番通り10秒間	→	解答時間に慣れる！
収録されている英文は，別冊解答に掲載	→	聞き取れない箇所を確認できる！

3つの方法で音声が聞けます！

音声再生サービスご利用可能期間

2023年2月24日～2024年8月31日

※ご利用期間内にアプリやPCにダウンロードしていただいた音声は，期間終了後も引き続きお聞きいただけます。

※これらのサービスは予告なく変更，終了することがあります。

 ① 公式アプリ（iOS/Android）でお手軽再生

[ご利用方法]

① 「英語の友」公式サイトより，アプリをインストール（上の2次元コードから読み込めます）

URL：https://eigonotomo.com/　　英語の友 🔍

② アプリ内のライブラリよりご購入いただいた書籍を選び，「追加」ボタンを押してください

③ パスワードを入力すると，音声がダウンロードできます

　　［パスワード：ficwht］　※すべて半角アルファベット小文字

※本アプリの機能の一部は有料ですが，本書の音声は無料でお聞きいただけます。
※詳しいご利用方法は「英語の友」公式サイト，あるいはアプリ内のヘルプをご参照ください。

②パソコンで音声データダウンロード（MP3）

[ご利用方法]

①Web特典にアクセス
　　詳細は，P6をご覧ください。

②「一次試験音声データダウンロード」から聞きたい検定の回を選択してダウンロード

※音声ファイルはzip形式にまとめられた形でダウンロードされます。
※音声の再生にはMP3を再生できる機器などが必要です。ご使用機器，音声再生ソフト等に関する技術的なご質問は，ハードメーカーもしくはソフトメーカーにお願いいたします。

③スマホ・タブレットでストリーミング再生

[ご利用方法]

①自動採点サービスにアクセス（上の2次元コードから読み込めます）
　　詳細は，P7をご覧ください。

②聞きたい検定の回を選び，リスニングテストの音声再生ボタンを押す

※音声再生中に音声を止めたい場合は，停止ボタンを押してください。
※個別に問題を再生したい場合は，問題番号を選んでから再生ボタンを押してください。
※音声の再生には多くの通信量が必要となりますので，Wi-Fi環境でのご利用をおすすめいたします。

CDをご希望の方は，別売「2023年度版英検4級過去6回全問題集CD」
（本体価格1,150円+税）をご利用ください。

持ち運びに便利な小冊子とCD3枚付き。CDプレーヤーで通して聞くと，本番と同じような環境で練習できます。
※本書では，収録箇所をCD 1 **1**～**11**のように表示しています。

Web特典について

購入者限定の「Web特典」を，みなさんの英検合格にお役立てください。

ご利用可能期間	**2023年2月24日～2024年8月31日** ※本サービスは予告なく変更，終了することがあります。	
アクセス方法	スマートフォン タブレット	右の2次元コードを読み込むと，パスワードなしでアクセスできます！
	PC スマートフォン タブレット 共通	1. Web特典（以下のURL）にアクセスします。 https://eiken.obunsha.co.jp/4q/ 2. 本書を選択し，以下のパスワードを入力します。 **ficwht** ※すべて半角アルファベット小文字

＜特典内容＞

(1) 自動採点サービス

リーディング（筆記1～4），リスニング（第1部～第3部）の自動採点ができます。詳細はP7を参照してください。

(2) 解答用紙

本番にそっくりの解答用紙が印刷できるので，何度でも過去問にチャレンジできます。

(3) 音声データのダウンロード

一次試験リスニングの音声データ（MP3）を無料でダウンロードできます。

※スマートフォン・タブレットの方は，アプリ「英語の友」（P4）をご利用ください。

(4) 4級リスニングテストのポイント

リスニングテストのポイントが，【第1部】と【第2部・第3部】に分けて学習できます。

【第1部】　　　形式の把握→ポイントの理解→よく出題される場面の表現の練習
【第2部・第3部】形式の把握→ポイントの理解→よく出題される質問を聞き取る練習

(5) スピーキングテスト

Web上でスピーキングテストの予想問題を体験することができます。

6

自動採点サービスの利用方法

正答率や合格ラインとの距離，間違えた問題などの確認ができるサービスです。

ご利用可能期間	2023年2月24日〜2024年8月31日 ※本サービスは予告なく変更，終了することがあります。	
アクセス方法	スマートフォンタブレット	右の2次元コードを読み込んでアクセスし，採点する検定の回を選択してください。
	PC スマートフォンタブレット共通	P6の手順で「Web特典」にアクセスし，「自動採点サービスを使う」を選択してご利用ください。

<利用方法>

① オンラインマークシートにアクセスします。
② 「問題をはじめる」ボタンを押して試験を始めます。
③ 「答え合わせ」ボタンを選択します。
④ 【あなたの成績】（右画面）が表示されます。

<採点結果画面>

切り替えタブ

<採点結果の見方>

タブの選択で【あなたの成績】と【問題ごとの正誤】が切り替えられます。

【あなたの成績】

Ⓐ 技能ごとの正答率が表示されます。4級の合格の目安，正答率60%を目指しましょう。
Ⓑ 大問ごとの正答率が表示されます。合格ラインを下回る大問は，対策に力を入れましょう。
Ⓒ 採点サービス利用者の中でのあなたの現在位置が示されます。

※画像はイメージです。

【問題ごとの正誤】

各問題のあなたの解答と正解が表示されます。間違っている問題については色で示されますので，別冊解答の解説を見直しましょう。

7

英検® Information

インフォメーション

出典：英検ウェブサイト

> **英検4級について**

4級では、「簡単な英語を理解することができ、またそれを使って表現する」ことが求められます。
一次試験（筆記・リスニング）に加え、スピーキングテストも受験できます。
目安としては「中学中級程度」です。

試験内容

主な場面・状況	家庭・学校・地域(各種店舗・公共施設を含む)・電話・アナウンスなど
主な話題	家族・友達・学校・趣味・旅行・買い物・スポーツ・映画・音楽・食事・天気・道案内・自己紹介・休日の予定・近況報告・海外の文化など

📝 筆記 ⏱35分

問題	形式・課題詳細	問題数	満点スコア
1	短文の空所に文脈に合う適切な語句を補う。	15問	
2	会話文の空所に適切な文や語句を補う。	5問	500
3	日本文を読み、その意味に合うように与えられた語句を並べ替える。	5問	
4	パッセージ(長文)の内容に関する質問に答える。	10問	

🔊 リスニング ⏱約30分 放送回数は2回

問題	形式・課題詳細	問題数	満点スコア
第1部	会話の最後の発話に対する応答として最も適切なものを補う。(補助イラスト付き)	10問	
第2部	会話の内容に関する質問に答える。	10問	500
第3部	短いパッセージの内容に関する質問に答える。	10問	

>
> 2022年12月現在の情報を掲載しています。試験に関する情報は変更になる可能性がありますので，受験の際は必ず英検ウェブサイトをご確認ください。

🗨 スピーキング ｜ 🕐 約4分 ｜ コンピューター端末を利用した録音型面接

問題	形式・課題詳細	満点スコア
音読	25語程度のパッセージを読む。	500
No.1 No.2	音読したパッセージの内容についての質問に答える。	
No.3	イラスト中の人物の行動や物の状況を描写する。	
No.4	日常生活の身近な事柄についての質問に答える。（カードのトピックに直接関連しない内容も含む）	

※一次試験（筆記・リスニング）の合否に関係なく，申込者全員が受験できます。
※コンピューター端末を利用した録音形式です。
※受験日の指定はなく，有効期間は約1年間です。期間内に1度だけ受験できます。
※級認定は従来どおり，一次試験（筆記・リスニング）の結果のみで合否を判定します。スピーキングテストの結果は，これまでの級認定とは別に合格者に「スピーキングテスト合格」として認定されます。

✉ 英検協会スタッフからの応援メッセージ

People in many countries speak English. If you learn English, then you can make new friends. The EIKEN tests will help you. Practice and do your best!

たくさんの国の人々が英語を話します。英語を学べば，新しい友達をつくることができます。「英検」はみなさんの手助けになるでしょう。勉強して，ベストを尽くしてください！

合否判定方法

統計的に算出される英検CSEスコアに基づいて合否判定されます。Reading, Listening, Writing, Speakingの4技能が均等に評価され，合格基準スコアは固定されています。

▶ 技能別にスコアが算出される！

技能	試験形式	満点スコア	合格基準スコア
Reading（読む）	一次試験（筆記）	500	622
Listening（聞く）	一次試験（リスニング）	500	
Writing（書く）	※4級では測定されません	—	
Speaking（話す）	スピーキングテスト	500	324

● ReadingとListeningの技能別にスコアが算出され，それを合算して判定されます。
● Speakingは，級の合否とは関係なく受験でき，スピーキングテスト単体で合否判定されます。

▶ 合格するためには，技能のバランスが重要！

英検CSEスコアでは，技能ごとに問題数は異なりますが，スコアを均等に配分しているため，各技能のバランスが重要となります。なお，正答数の目安を提示することはできませんが，2016年度第1回一次試験では，1級，準1級は各技能での正答率が7割程度，2級以下は各技能6割程度の正答率の受験者の多くが合格されています。

▶ 英検CSEスコアは国際標準規格CEFRにも対応している！

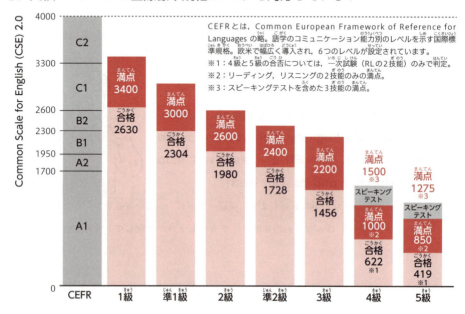

CEFRとは，Common European Framework of Reference for Languages の略。語学のコミュニケーション能力別のレベルを示す国際標準規格。欧米で幅広く導入され，6つのレベルが設定されています。
※1：4級と5級の合否については，一次試験（RLの2技能）のみで判定。
※2：リーディング，リスニングの2技能のみの満点。
※3：スピーキングテストを含めた3技能の満点。

2023年度 受験情報

※「本会場」以外の実施方式については、試験日程・申込方法が異なりますので、英検ウェブサイトをご覧ください。
※受験情報は変更になる場合があります。

● 2023年度 試験日程

第1回	第2回	第3回
申込受付 3月31日 ▶ 5月2日	申込受付 8月1日 ▶ 9月8日	申込受付 11月1日 ▶ 12月14日
一次試験 6月4日(日)	一次試験 10月8日(日)	一次試験 2024年 1月21日(日)

※上記以外の日程でも準会場で受験できる可能性があります。
※詳しくは英検ウェブサイトをご覧ください。

スピーキングテスト	受験日の指定はなく、有効期間は申し込んだ回次の一次試験合否閲覧日から約1年間です。期間内に1度だけ受験できます。

● 申込方法

団体受験 ▶	学校や塾などで申し込みをする団体受験もあります。詳しくは先生にお尋ねください。
個人受験 ▶	インターネット申込・コンビニ申込・英検特約書店申込のいずれかの方法で申し込みができます。詳しくは英検ウェブサイトをご覧ください。

お問い合わせ先

英検サービスセンター
TEL. 03-3266-8311
(月)〜(金) 9:30〜17:00
(祝日・年末年始を除く)

英検ウェブサイト
www.eiken.or.jp/eiken/
試験についての詳しい情報を見たり、入試等で英検を活用している学校の検索をすることができます。

英検®4級の試験形式とポイント

2022年度第1回検定と第2回検定を分析し,出題傾向と攻略ポイントをまとめました。4級の合格に必要な正答率は6割程度と予測されます。正答率が6割を切った大問は苦手な分野だと考えて,重点的に対策をとりましょう。

一次試験 筆記（35分）

1 短文・会話文に合う適切な語句を選ぶ問題　問題数 15問　目標時間 10分

短文または会話文の空所に,文脈に合う適切な語(句)を補います。単語が7問,熟語が5問,文法が3問,出題されることが多いです。

---

(1) *A:* Did you (　　　) your mother about going to the movie?
　　B: Yes. I can go with you.
　　1 watch　　**2** make　　**3** ask　　**4** get
　　　　　　　　　　　　　　　　　　　　　　（2022年度第2回）

攻略ポイント　単語は,空所にどのような語が入れば文の意味が通じるかを考えて選択肢を見ます。熟語は,文の意味とともに空所前後にある語句とのつながりに注意します。文法は,文の内容や空所前後の語句との関係からどれが正しい語・形かを判断します。

2 適切な会話表現を選ぶ問題　問題数 5問　目標時間 5分

会話文の空所に,会話の流れに合う適切な文や語句を補います。日常会話でよく使われる表現が問われます。

---

(16) *Father:* Come to the dining room, Tim. (　　　)
　　　Son: OK, Dad. I'm coming.
　　1 It's a new house.　　**2** I like your bedroom.
　　3 It's not for you.　　**4** Lunch is ready.
　　　　　　　　　　　　　　　　　　　　　　（2022年度第2回）

攻略ポイント　会話全体の流れを把握するとともに,特に空所前後が内容的にどのようにつながっているかに注意します。空所がある方の話者になったつもりで会話文を読み,空所でどのような発話をすれば応答が成り立つかを考えましょう。

3 語句を正しく並べかえる問題

問題数	目標時間
5問	5分

日本文の意味に合うように，与えられた①～⑤の語(句)を並べかえて文を完成させ，2番目と4番目にくる組合せの番号を答えます。

(21) あなたのパスポートを見せていただけますか。
(① passport ② may ③ your ④ I ⑤ see)

□□ □□ □□, please?
　2番目　　4番目

1 ④ - ③　　**2** ② - ③　　**3** ⑤ - ①　　**4** ③ - ①

(2022年度第2回)

攻略ポイント 肯定文では，どの語(句)が主語と動詞になるかを最初に考えます。疑問文では，疑問詞で始まる疑問文，Do / Does / Did やその他の助動詞で始まる疑問文など種類に応じた語順にします。否定文では，not と動詞の位置に注意します。また，並べかえる語(句)を見て熟語表現をまとめることも大切です。

4 読解問題

問題数	目標時間
10問	15分

3種類の英文（[A]掲示等，[B]Eメールまたは手紙，[C]長文）を読んで，内容に関する質問に答えたり，内容に合うように文を完成させたりします。

Soccer Day Camp for Junior High School Students

Come to our camp if you're interested in soccer!

Dates: July 12 to July 16
Time: 10:30 to 15:00
Place: Silverton Junior High School
Cost: $30

You'll meet two famous soccer players from the Silverton Fighters at the camp. To join, send an e-mail to Mike Webb before June 12.
infosoccer@silverton.jhs

(26) When is the last day of the soccer day camp?
1 June 12.
2 June 16.
3 July 12.
4 July 16.

(27) At the camp, students will
1 receive e-mails from the Silverton Fighters.
2 watch a movie with Mike Webb.
3 meet famous soccer players.
4 get a free soccer ball.

(2022年度第2回)

攻略ポイント 問題文に出てくる順番で質問が作られているので，質問文中の語句を参考にしながら答えがどこに書かれているかをなるべく短時間で探します。ただし，正解で使われている表現が問題文とは違う表現になっていることがあるので注意が必要です。場所が特定できたら，その部分を丁寧に読んで正確に理解し，答えを選びましょう。

13

一次試験 リスニング（約30分）

第1部　会話に対する応答を選ぶ問題　問題数 10問　放送回数 2回

イラストを見ながら会話を聞き，会話の最後の発話に対する応答として最も適切なものを放送される選択肢から選びます。

問題冊子

No. 1

放送文

☆ : These newspapers are heavy!
★ : Are you recycling them?
☆ : Yes. Could you help me?
1　Sure, Mom.
2　I like reading.
3　I don't understand.

（2022年度第2回）

★＝男性，☆＝女性

攻略ポイント　放送を聞く前にイラストを見て会話の状況を予想しておき，放送では最後の発話に集中して聞きましょう。最後の発話が疑問文であれば問われている内容に合った選択肢を選び，肯定文や否定文ではその状況でどのような応答が適切かを考えます。

第2部　会話の内容に関する質問に答える問題　問題数 10問　放送回数 2回

会話を聞き，内容に関する質問の答えを選択肢から選びます。質問は会話の内容の一部を問うものが中心で，話題や話者がいる場所が聞かれることもあります。

問題冊子

No. 11
1　To watch a concert.
2　To practice with the band.
3　To do his homework.
4　To clean his classroom.

放送文

★ : Mom, I need to go to school early tomorrow.
☆ : Why?
★ : I have band practice for the concert.
☆ : OK.
Question: Why does the boy have to go to school early tomorrow?

（2022年度第2回）

★＝男性，☆＝女性

攻略ポイント　1回目の放送で，会話の話題と質問の内容を理解します。2回目では，2人の発話内容を混同しないように注意しながら，質問に関係する部分を中心に聞き取るようにします。特に，数や場所，時などの情報に注意しましょう。

| 第3部 | 英文の内容に関する質問に答える問題 | 問題数 10問 | 放送回数 2回 |

短い英文を聞き，内容に関する質問の答えを選択肢から選びます。英文の内容は登場人物に起きた出来事やこれからの予定などが中心ですが，公共施設でのアナウンスなどが出題されることもあります。

問題冊子

No. 21
1 In a school.
2 In a hotel.
3 In a café.
4 In a train station.

放送文

Here is your key. Your room number is 205. The restaurant on the second floor is open until ten o'clock. Enjoy your stay.
Question: Where is the man talking?
(2022年度第2回)

攻略ポイント　「いつ」，「だれが」，「どこで」，「何を」，「どのように」などを表す語句に注意します。必要に応じてメモを取りながら聞き，複数の情報を混同しないように整理するとともに，質問ではどの情報についてたずねているかを理解します。

スピーキングテスト（約4分）　録音形式

パソコンやタブレットなどのコンピューター端末から，インターネット上の受験専用サイトにアクセスして受験します。画面に表示された25語程度の英文とイラストに関する質問に答えます。詳しくは Web 特典のスピーキングテストの予想問題をご覧ください。

スピーキングテストの流れ

音読 ……………… 画面に表示された英文を黙読した後，音読します。
No. 1, No. 2 …… 音読した英文の内容についての質問に答えます。
No. 3 …………… イラスト中の人物の行動や状況を描写します。
No. 4 …………… 受験者自身についての質問に答えます。

攻略ポイント　音読は制限時間内に丁寧にはっきり読みましょう。問題カードに関する質問は，質問の What や When などの疑問詞に注意し，何が聞かれているかを理解します。自分自身に関する質問は，主語・動詞を入れた文の形にして自由に答えましょう。

15

2022-2

2022.10.9実施

試験時間
筆記：35分
リスニング：約30分

Grade 4

筆記　　　　　　P18〜29
リスニング　　　P30〜34

＊解答・解説は別冊P3〜32にあります。

2022年度第2回
Web特典「自動採点サービス」対応
オンラインマークシート
※検定の回によって2次元コードが違います。
※PCからも利用できます（本書P7参照）。

■筆　記■

1 次の(1)から(15)までの（　　　）に入れるのに最も適切なものを
1, 2, 3, 4の中から一つ選び, その番号のマーク欄をぬりつぶしなさい。

(1) **A:** Did you (　　　) your mother about going to
the movie?
B: Yes. I can go with you.
1 watch　　**2** make　　**3** ask　　**4** get

(2) In many countries, Christmas Day is a popular
holiday, and many children get (　　) on this day.
1 subjects　**2** sounds　**3** rooms　**4** presents

(3) **A:** What will you do this weekend?
B: I'll move to a new (　　　). It's bigger, so I'm
happy.
1 apartment **2** band　　**3** race　　**4** painting

(4) Wendy often (　　　) some fruit to eat after lunch.
1 meets　　**2** brings　　**3** sits　　**4** falls

(5) **A:** Do you want to go camping this weekend? The
weather will be great, so we can see many
(　　) at night.
B: That sounds great.
1 pens　　**2** dishes　　**3** stars　　**4** teams

(6) Canada has many (　　　) parks and lakes. Many
people visit there in summer.
1 beautiful　**2** tired　　**3** easy　　**4** necessary

(7) **A:** Can you cut this bread with this (　　　)?
B: Sure.
1 bridge　　**2** picnic　　**3** rest　　**4** knife

18

(8) The members of the baseball team (   ) catch for 15 minutes during every practice.
1 hold   **2** play   **3** want   **4** say

(9) The new English teacher from Australia was kind (   ) all the students in the class.
1 of   **2** at   **3** to   **4** as

(10) *A:* Is there a good movie (   ) TV tonight?
     B: Yes. It's about a young dancer.
1 on   **2** for   **3** by   **4** after

(11) Rick often (   ) a long walk with his dog early in the morning.
1 calls   **2** listens   **3** shows   **4** takes

(12) *A:* What do you (   ) of my chocolate chip cookies?
     B: They're great.
1 think   **2** sing   **3** open   **4** come

(13) James (   ) go to today's baseball game because he hurt his leg.
1 won't   **2** isn't   **3** hasn't   **4** don't

(14) My sister and I came home from school at noon. My mother made lunch for (   ).
1 our   **2** we   **3** us   **4** their

(15) *A:* Grandma is still (   ), so don't watch TV.
     B: OK, Mom.
1 sleeps   **2** sleeping   **3** slept   **4** sleep

2 次の(16)から(20)までの会話について, ( ) に入れるのに最も適切なものを1, 2, 3, 4の中から一つ選び, その番号のマーク欄をぬりつぶしなさい。

(16) *Father:* Come to the dining room, Tim. ( )
    Son: OK, Dad. I'm coming.
    1 It's a new house.   **2** I like your bedroom.
    3 It's not for you.   **4** Lunch is ready.

(17) *Girl 1:* Does our swimming race start soon?
    Girl 2: Yes, in five minutes. ( )
    Girl 1: Thanks. You, too.
    1 That's fast.   **2** Not this time.
    3 In the pool.   **4** Good luck.

(18) *Student:* Where did you go during your summer
              vacation, Ms. Richards?
    Teacher: ( ) I go fishing there every
             summer.
    1 In my living room.   **2** To Lake Belmore.
    3 In spring.   **4** For five days.

(19) *Girl 1:* How was your sister's birthday party?
    Girl 2: It was fun. ( )
    Girl 1: Wow! That's a lot.
    1 There were 30 people there.
    2 It started late.
    3 I forgot my gift.
    4 You can come with us.

(20) *Mother:* Jenny, can you help me in the kitchen?

Daughter: (　　　) Mom.　I just need to send this e-mail first.

1 It's your computer,

2 We had dinner,

3 Just a minute,

4 I like it,

3 次の(21)から(25)までの日本文の意味を表すように①から⑤までを並べかえて ◻ の中に入れなさい。そして，2番目と4番目にくるものの最も適切な組合せを1, 2, 3, 4の中から一つ選び，その番号のマーク欄をぬりつぶしなさい。※ただし，（　）の中では，文のはじめにくる語も小文字になっています。

(21) あなたのパスポートを見せていただけますか。
(① passport　② may　③ your　④ I　⑤ see)
◻ ◻[2番目] ◻ ◻[4番目] ◻, please?
1 ④-③　　**2** ②-③　　**3** ⑤-①　　**4** ③-①

(22) 私は時間がある時，朝食を作ります。
(① I　② when　③ time　④ breakfast　⑤ have)
I make ◻ ◻[2番目] ◻ ◻[4番目] ◻.
1 ④-①　　**2** ①-②　　**3** ④-③　　**4** ②-⑤

(23) 私の父は英語とフランス語の両方を話すことができます。
(① English　② can　③ both　④ speak　⑤ and)
My father ◻ ◻[2番目] ◻ ◻[4番目] ◻ French.
1 ②-④　　**2** ②-③　　**3** ④-①　　**4** ④-⑤

(24) その漫画はまったく面白くありませんでした。
(① at　② not　③ the comic book　④ interesting　⑤ was)
◻ ◻[2番目] ◻ ◻[4番目] ◻ all.
1 ①-⑤　　**2** ②-①　　**3** ③-④　　**4** ⑤-④

22

(25) アダムの家は本屋の隣です。

(① next   ② is   ③ house   ④ the bookstore
⑤ to)

Adam's ☐ ☐(2番目) ☐ ☐(4番目) ☐.

1 ⑤ - ①   **2** ② - ⑤   **3** ④ - ①   **4** ① - ③

22年度第2回　筆記

4[A]

次のお知らせの内容に関して，(26)と(27)の質問に対する答えとして最も適切なもの，または文を完成させるのに最も適切なものを1, 2, 3, 4の中から一つ選び，その番号のマーク欄をぬりつぶしなさい。

Soccer Day Camp for Junior High School Students

Come to our camp if you're interested in soccer!

Dates: July 12 to July 16
Time: 10:30 to 15:00
Place: Silverton Junior High School
Cost: $30

You'll meet two famous soccer players from the Silverton Fighters at the camp. To join, send an e-mail to Mike Webb before June 12.

infosoccer@silverton.jhs

(26) When is the last day of the soccer day camp?
  1 June 12.
  2 June 16.
  3 July 12.
  4 July 16.

(27) At the camp, students will
  1 receive e-mails from the Silverton Fighters.
  2 watch a movie with Mike Webb.
  3 meet famous soccer players.
  4 get a free soccer ball.

4[B] 次のEメールの内容に関して，(28)から(30)までの質問に対する答えとして最も適切なもの，または文を完成させるのに最も適切なものを1, 2, 3, 4の中から一つ選び，その番号のマーク欄をぬりつぶしなさい。

From: Carol Miller
To: Dennis Little
Date: January 16
Subject: Snow festival

Hi Dennis,
Smallville will have a special event! There will be a snow festival for six days, from February 2 to 7. On February 6, there will be an ice sculpture* contest. The winner will get $200. I want to go that day and see the sculptures. Tickets are $10 each. Do you want to go?
Your friend,
Carol

From: Dennis Little
To: Carol Miller
Date: January 17
Subject: Let's go!

Hi Carol,
I want to see the sculptures, but I'll go skiing with

26

my family on February 5 and 6. I looked at the festival's website. We can still see the sculptures on February 7. They'll also have a snowman contest that day. Tickets are $5 each, and the winner gets $100. Let's join!

Talk to you soon,

Dennis

*ice sculpture: 氷の彫刻

(28) How long will the snow festival be?
1 Two days.
2 Five days.
3 Six days.
4 Seven days.

(29) What will Dennis do on February 5?
1 Go skiing.
2 Make sculptures.
3 Visit a festival.
4 Build a website.

(30) The winner of the snowman contest will get
1 $5.
2 $10.
3 $100.
4 $200.

27

4[C]

次の英文の内容に関して，(31)から(35)までの質問に対する答えとして最も適切なもの，または文を完成させるのに最も適切なものを1, 2, 3, 4の中から一つ選び，その番号のマーク欄をぬりつぶしなさい。

Piano Lessons

Last month, Katherine's parents went to a wedding in Hawaii. Katherine couldn't go, so she stayed at her grandmother's house for one week. On the first day, she missed her parents and felt sad. Her grandmother's house didn't have the Internet, and her grandmother watched old TV shows.

The next morning, Katherine heard music. It was coming from the living room. Katherine's grandmother was playing the piano. Katherine said, "Grandma, can you teach me?" Her grandmother looked very excited. She said, "Many years ago, I taught your mother to play the piano, too." They practiced for three hours every day, and Katherine learned four songs.

On Friday, Katherine's parents came back from their trip. They gave Katherine's grandmother some souvenirs,* and Katherine played two songs for them. Katherine's father was happy. Katherine's mother said, "You should visit your grandmother more often." Now, Katherine wants to learn more songs, so she will visit her grandmother next month, too.

*souvenir: お土産

(31) How long did Katherine stay at her grandmother's house?

1 For one day.

2 For three days.

3 For one week.

4 For one month.

(32) How did Katherine feel on the first day?

1 Tired.   **2** Excited.

3 Happy.   **4** Sad.

(33) Many years ago, Katherine's grandmother taught the piano to

1 Katherine's father.

2 Katherine's mother.

3 Katherine's uncle.

4 Katherine's friends.

(34) What did Katherine do on Friday?

1 She learned a new song.

2 She practiced for four hours.

3 She went to a wedding.

4 She played the piano for her parents.

(35) Why will Katherine visit her grandmother next month?

1 Her mother has to work.

2 Her parents will go on a trip.

3 She wants to learn more songs.

4 She will give her grandmother a gift.

リスニング

4級リスニングテストについて

1. このテストには，第1部から第3部まであります。
   ☆英文は二度放送されます。
   第1部：イラストを参考にしながら対話と応答を聞き，最も適切な応答を1, 2, 3の中から一つ選びなさい。
   第2部：対話と質問を聞き，その答えとして最も適切なものを1, 2, 3, 4の中から一つ選びなさい。
   第3部：英文と質問を聞き，その答えとして最も適切なものを1, 2, 3, 4の中から一つ選びなさい。

2. No. 30のあと，10秒すると試験終了の合図がありますので，筆記用具を置いてください。

第1部　▶MP3　▶アプリ　▶CD1 1〜11

〔例題〕

No. 1

No. 2

No. 3

No. 4

No. 5

No. 6

No. 7

No. 8

No. 9

No. 10

| 第2部 | ◀)) ▶MP3 ▶アプリ ▶CD1 12〜22 |

No. 11	1 To watch a concert. 2 To practice with the band. 3 To do his homework. 4 To clean his classroom.
No. 12	1 The bus didn't come. 2 The train stopped. 3 She couldn't find her phone. 4 She took the wrong bus.
No. 13	1 Visiting her grandfather. 2 Walking the dog. 3 Cooking lunch. 4 Watching TV.
No. 14	1 The boy's. 2 The boy's mother's. 3 Her own. 4 Her mother's.
No. 15	1 Buy a map. 2 Send a card. 3 Call his uncle. 4 Use the computer.

32

No. 16	1 Their basketball coach.
	2 Their new TV.
	3 A basketball game.
	4 A new teacher.

No. 17	1 To meet his classmate.
	2 To meet his mother.
	3 To buy a notebook.
	4 To buy some Spanish food.

No. 18	1 Jim's.	2 Maria's.
	3 Sam's.	4 Ms. Clark's.

No. 19	1 On Saturday morning.
	2 On Saturday afternoon.
	3 On Sunday morning.
	4 On Sunday afternoon.

No. 20	1 One.	2 Two.
	3 Three.	4 Four.

第3部　　◀)) ▶MP3 ▶アプリ ▶CD1 23〜33

No. 21	1 In a school.
	2 In a hotel.
	3 In a café.
	4 In a train station.

No. 22	1 Watching a sumo tournament.
	2 Going sightseeing.
	3 Taking a Japanese bath.
	4 Eating sushi.

No. 23

1 He went to a party.
2 He visited his friend.
3 He stayed at home.
4 He went to a hospital.

No. 24

1 Visit her grandfather.
2 Make a doll.
3 Go to a toy store.
4 Buy a doll.

No. 25

1 She didn't clean the kitchen.
2 She didn't buy a present.
3 She forgot to use sugar.
4 She forgot to buy a cake.

No. 26

1 On Wednesday.
2 On Thursday.
3 On Friday.
4 On the weekend.

No. 27

1 At school.
2 By the front door.
3 In her father's car.
4 In her room.

No. 28

1 Once a month.　2 Twice a month.
3 Once a week.　4 Twice a week.

No. 29

1 A sweater.　2 A scarf.
3 A dress.　4 A shirt.

No. 30

1 Salad.　2 Cookies.
3 Drinks.　4 Potato chips.

2022-1

2022.6.5実施

試験時間
筆記：35分
リスニング：約30分

Grade 4

筆記　　　　　P36〜47
リスニング　　P48〜52

＊解答・解説は別冊P33〜62にあります。

2022年度第1回　Web特典「自動採点サービス」対応
オンラインマークシート
※検定の回によって2次元コードが違います。
※PCからも利用できます（本書P7参照）。

■筆 記■

1 次の(1)から(15)までの (　　　) に入れるのに最も適切なものを 1, 2, 3, 4の中から一つ選び, その番号のマーク欄をぬりつぶしなさい。

(1) **A:** How much time do we have before the (　　　) train comes?
B: About five minutes.
1 lost　　　**2** clear　　　**3** next　　　**4** heavy

(2) **A:** How long did you play tennis today?
B: (　　　) two hours.
1 For　　　**2** Since　　　**3** With　　　**4** Through

(3) **A:** Oh no! I wrote the wrong date. Can I use your (　　　)?
B: Sure. Here you go.
1 belt　　　**2** eraser　　　**3** coat　　　**4** map

(4) In winter, the (　　　) is very cold in some cities in Canada.
1 hometown　　　　　　**2** address
3 problem　　　　　　　**4** temperature

(5) Every year, I (　　　) flowers to my grandmother. Her birthday is on Christmas Day.
1 send　　　**2** keep　　　**3** believe　　　**4** forget

(6) **A:** I'm so (　　　), but I need to finish my homework.
B: Go to bed and wake up early tomorrow.
1 sleepy　　　**2** local　　　**3** boring　　　**4** rich

(7) **A:** Can we go shopping this weekend, Mom?
B: Let's go on Sunday. I'm (　　　) on Saturday.
1 fast　　　**2** weak　　　**3** busy　　　**4** careful

36

(8) *A:* You're running too fast. Can you slow (   ), please?

   B: Sure.

   1 down   **2** about   **3** long   **4** often

(9) *A:* Turn off the TV. Come here (   ) once and help me.

   B: OK, Mom.

   1 as   **2** at   **3** in   **4** of

(10) Ms. Barton has a good (   ) for the school concert. She wants to speak to us after class.

   1 way   **2** side   **3** idea   **4** rice

(11) *A:* Let's watch the news together, Grandpa.

   B: Just a (   ). I'll get my glasses.

   1 trouble   **2** lesson   **3** moment   **4** pocket

(12) *A:* Your brother looks (   ) a famous singer.

   B: Really? I'll tell him.

   1 on   **2** about   **3** like   **4** to

(13) *A:* Where are you going?

   B: I'm going (   ) video games at Joe's house.

   A: Come home before dinner.

   1 to play   **2** played   **3** playing   **4** plays

(14) My uncle likes (   ) people, so he became a police officer.

   1 help   **2** helps   **3** helping   **4** helped

(15) *A:* (   ) I put this hat in a box for you, sir?

   B: Yes, please. It's a present for my son.

   1 Shall   **2** Does   **3** Have   **4** Be

2 次の(16)から(20)までの会話について，（　　　）に入れるのに最も適切なものを1, 2, 3, 4の中から一つ選び，その番号のマーク欄をぬりつぶしなさい。

(16) *Daughter:* I went swimming at the city pool today.

　　　Father: That sounds fun. （　　　）

　　Daughter: No, I walked.

　　1 Is it new?

　　2 Did you take the bus?

　　3 Can I come with you?

　　4 Was it sunny?

(17) 　　*Son:* Do you want to play this computer game with me, Mom?

　Mother: （　　　）

　　Son: Don't worry. It's easy.

　　1 I bought one, too.

　　2 I use one at work.

　　3 It looks really difficult.

　　4 It's my favorite game.

(18) 　　*Wife:* This curry is really delicious. （　　　）

　Husband: Of course. Here you are.

　　1 How did you make it?

　　2 Can I have some more?

　　3 How much was it?

　　4 Can you do it for me?

38

(19) *Boy 1:* How many students are there in the English club?

Boy 2: (   )

Boy 1: Wow! That's a lot.

1 Only five dollars.   **2** Twice a week.

3 At 2:45.   **4** About 30.

(20) *Mother:* Do you want something to eat, Chris?

Son: Yes, please. (   )

1 You can use mine.

2 I'd like some potato chips.

3 It's by the supermarket.

4 I'll ask her a question.

次の(21)から(25)までの日本文の意味を表すように①から⑤までを並べかえて □ の中に入れなさい。そして，2番目と4番目にくるものの最も適切な組合せを1, 2, 3, 4の中から一つ選び，その番号のマーク欄をぬりつぶしなさい。※ただし，（　　）の中では，文のはじめにくる語も小文字になっています。

3

(21) あなたの新しい住所を教えてください。
（ ① me　② new　③ your　④ address　⑤ tell ）
Please □ □(2番目) □ □(4番目) □ .
1 ①‐②　　**2** ④‐②　　**3** ③‐①　　**4** ⑤‐④

(22) スミス先生，私達は数学のテストに電卓が必要ですか。
（ ① for　② we　③ a calculator　④ need
⑤ do ）
Mr. Smith, □ □(2番目) □ □(4番目) □ the math test?
1 ②‐③　　**2** ③‐②　　**3** ④‐②　　**4** ⑤‐④

(23) ピアノの練習を止めてお茶にしましょう。
（ ① practicing　② stop　③ and　④ the piano
⑤ have ）
Let's □ □(2番目) □ □(4番目) □ some tea.
1 ①‐③　　**2** ①‐④　　**3** ⑤‐②　　**4** ⑤‐①

(24) メグは演劇部のメンバーですか。
（ ① of　② a member　③ the drama club
④ Meg　⑤ is ）
□ □(2番目) □ □(4番目) □ ?
1 ①‐②　　**2** ②‐③　　**3** ③‐②　　**4** ④‐①

40

(25) 私<ruby>わたし</ruby>たちは日本<ruby>にほん</ruby>対<ruby>たい</ruby>アメリカの野球<ruby>やきゅう</ruby>の試合<ruby>しあい</ruby>を見<ruby>み</ruby>に行<ruby>い</ruby>きました。

(① between　② the baseball game　③ Japan

④ see　⑤ and)

We went to ☐ ☐^{2番目} ☐ ☐^{4番目} ☐ the United States.

1 ②‐④　　**2** ⑤‐①　　**3** ②‐③　　**4** ④‐①

4[A] 次のお知らせの内容に関して，(26)と(27)の質問に対する答えとして最も適切なもの，または文を完成させるのに最も適切なものを1, 2, 3, 4の中から一つ選び，その番号のマーク欄をぬりつぶしなさい。

Enjoy a Great Night of Music

Kingston High School Guitar Club will have a concert.

Date:	Saturday, May 3
Time:	6 p.m. to 8 p.m.
Place:	School gym
Tickets:	$5 for students
	$10 for parents

Everyone can have some snacks and drinks in the school cafeteria after the concert. The gym will open at 5 p.m.

(26) How much is a ticket for students?
  1 $2.
  2 $5.
  3 $7.
  4 $10.

(27) What can people do after the concert?
  1 Play the guitar.
  2 Run in the school gym.
  3 Listen to some CDs.
  4 Eat and drink in the cafeteria.

4[B]

次のEメールの内容に関して，(28)から(30)までの質問に対する答えとして最も適切なもの，または文を完成させるのに最も適切なものを1, 2, 3, 4の中から一つ選び，その番号のマーク欄をぬりつぶしなさい。

From: David Price
To: Elle Price
Date: August 10
Subject: Homework

Dear Grandma,

How was your trip to the beach last week? Can you help me? I need some old family photos. I want to use them for my history class. You have a lot of pictures, right? Can I visit you this Saturday and get some? I like the pictures of my dad. He was young then.

Love,
David

From: Elle Price
To: David Price
Date: August 11
Subject: Your visit

Hi David,
I really enjoyed my trip. I'll go shopping on

44

Saturday, but you can come on Sunday afternoon. Also, can you help me in the garden* then? I'm growing tomatoes. We can pick some, and I'll make tomato soup for you. You can take some tomatoes home and give them to your mother. She can use them to make salad.

Love,

Grandma

*garden: 菜園

(28) David needs to

    1 read a history book.

    2 buy a new camera.

    3 get some family photos.

    4 draw a picture of his father.

(29) What will David's grandmother do on Saturday?

    1 Go shopping.

    2 Take a trip to the beach.

    3 Make salad.

    4 Visit David's house.

(30) What does David's grandmother say to David?

    1 She will buy lunch for him.

    2 She will make tomato soup for him.

    3 She doesn't like tomatoes.

    4 She wants to talk to his mother.

4[C]

次の英文の内容に関して，(31)から(35)までの質問に対する答えとして最も適切なもの，または文を完成させるのに最も適切なものを1, 2, 3, 4の中から一つ選び，その番号のマーク欄をぬりつぶしなさい。

New Friends

Sam is in his first year of college. His college is far from home, so he usually studies at the library on weekends. At first, he was bored and lonely.

One day, a girl in Sam's history class spoke to him. She said, "My name is Mindy. Do you want to go camping with me and my friends this weekend?" Sam said, "Sure!"

It was Sam's first time to go camping. On Friday, he borrowed a special backpack* and a sleeping bag* from Mindy. She told Sam, "Bring some warm clothes. My friends have tents." Sam thought, "We'll get very hungry." So, he put a lot of food in the backpack.

On Saturday, they walked up Razor Mountain. Sam's backpack was heavy, so he was tired. Mindy's friends cooked dinner on the campfire,* and everyone was happy because Sam brought a lot of food. Sam had fun, and they made plans to go camping again.

*backpack: リュックサック
*sleeping bag: 寝袋
*campfire: キャンプファイア

(31) What does Sam usually do on weekends?

    1 He works at his college.

    2 He studies at the library.

    3 He cooks dinner.

    4 He stays at Mindy's house.

(32) On Friday, Sam

    1 borrowed a backpack and a sleeping bag from Mindy.

    2 made lunch for Mindy and her friends.

    3 studied for a history test with Mindy.

    4 went shopping with Mindy's friends.

(33) What did Mindy say to Sam?

    1 He should bring warm clothes.

    2 He should buy a new tent.

    3 He should get some shoes.

    4 He should get a map.

(34) Why was Sam tired?

    1 He didn't sleep very well.

    2 He didn't eat enough food.

    3 His backpack was heavy.

    4 The mountain was very big.

(35) Why were Mindy and her friends happy?

    1 Sam made lunch for them.

    2 Sam started a campfire.

    3 Sam made plans for a party.

    4 Sam brought a lot of food.

リスニング

4級リスニングテストについて

1 このテストには，第1部から第3部まであります。
　☆英文は二度放送されます。
　第1部：イラストを参考にしながら対話と応答を聞き，最も適切な応答を
　　　　1, 2, 3の中から一つ選びなさい。
　第2部：対話と質問を聞き，その答えとして最も適切なものを1, 2, 3, 4の
　　　　中から一つ選びなさい。
　第3部：英文と質問を聞き，その答えとして最も適切なものを1, 2, 3, 4の
　　　　中から一つ選びなさい。

2 No. 30のあと，10秒すると試験終了の合図がありますので，筆記用具を
　置いてください。

第1部　　◀))　▶MP3　▶アプリ　▶CD1 34〜44

〔例題〕

No. 1

No. 2

No. 3

No. 4

No. 5

No. 6

No. 7

No. 8

No. 9   **No. 10**

第2部　　　　　　　　　◀)) ▶MP3 ▶アプリ ▶CD1 45〜55

No. 11
1 The boy.
2 The girl.
3 The boy's grandparents.
4 The girl's grandparents.

No. 12
1 Visit a zoo.
2 Get a pet cat.
3 Play with his friend.
4 Go to the store.

No. 13
1 He went to bed late last night.
2 He washed his dog.
3 He went for a run.
4 He got up early this morning.

No. 14
1 Sing in a concert.   2 Go shopping.
3 Watch a movie.   4 Buy a jacket.

No. 15
1 In the man's bag.   2 In the car.
3 At home.   4 In the boat.

| No. 16 | 1 Two. | 2 Six. |
| | 3 Eight. | 4 Ten. |

No. 17
1 She didn't do her homework.
2 She can't find her locker.
3 Her blue jacket is dirty.
4 Her pen is broken.

| No. 18 | 1 A book. | 2 An art museum. |
| | 3 A trip. | 4 A school library. |

| No. 19 | 1 Soup. | 2 Pizza. |
| | 3 Spaghetti. | 4 Curry. |

| No. 20 | 1 At 4:00. | 2 At 4:30. |
| | 3 At 6:00. | 4 At 6:30. |

第3部 ◀)) ▶MP3 ▶アプリ ▶CD1 56～66

No. 21
1 From a supermarket.
2 From her friend.
3 From her parents.
4 From her garden.

No. 22
1 A smartphone.
2 A cake.
3 A phone case.
4 A book.

No. 23
1 Tonight.
2 Tomorrow night.
3 Next Friday.
4 Next year.

No. 24	1 The girl.
	2 The girl's mother.
	3 The girl's father.
	4 The girl's brother.

No. 25	1 Go fishing.
	2 Make cards for her friends.
	3 Get ready for a trip.
	4 Go to school early.

No. 26	1 His hobby.
	2 His art class.
	3 His favorite sport.
	4 His brother's camera.

No. 27	1 Once a week.
	2 Twice a week.
	3 Three times a week.
	4 Every day.

No. 28	1 He makes dinner.
	2 He cooks breakfast.
	3 He makes a cake.
	4 He goes to a restaurant.

No. 29	1 To visit his friend.
	2 To meet a famous person.
	3 To watch a soccer game.
	4 To see some buildings.

| No. 30 | 1 One. | 2 Two. |
| | 3 Three. | 4 Four. |

2021-3

2022.1.23 実施

試験時間
筆記：35分
リスニング：約30分

Grade 4

筆記　　　　　P54〜65
リスニング　　P66〜70

＊解答・解説は別冊P63〜92にあります。

2021年度第3回　Web特典「自動採点サービス」対応
オンラインマークシート
※検定の回によって2次元コードが違います。
※PCからも利用できます（本書P7参照）。

■ 筆 記 ■

1 次の(1)から(15)までの（　　　）に入れるのに最も適切なものを
1, 2, 3, 4の中から一つ選び，その番号のマーク欄をぬりつぶしなさい。

(1) **A:** I can't swim, so I want to take (　　　).
   B: You should call the city pool. I learned to swim
   there.
   1 examples **2** flowers **3** minutes **4** lessons

(2) The rain (　　　) in the morning, so we went to
   the park.
   1 stopped **2** studied **3** bought **4** heard

(3) The Internet is very useful for getting (　　　)
   quickly.
   1 subjects   **2** classrooms
   3 tape   **4** information

(4) Karen has some (　　　) news. She's going to
   move to France.
   1 each **2** every **3** exciting **4** easy

(5) **A:** Do you want (　　　) hamburger, Larry?
   B: No, thanks. I'm full.
   1 all **2** another **3** same **4** few

(6) The city is going to (　　　) a new school in my
   neighborhood.
   1 build **2** become **3** brush **4** bring

(7) Mr. Roberts is always busy, but he (　　　) his
   e-mail every morning.
   1 closes **2** changes **3** calls **4** checks

54

(8) ***A:*** Do you often visit your grandfather?
B: No, but we speak to each ( ) every
weekend.
1 other　　　**2** some　　　**3** next　　　**4** many

(9) I can talk ( ) everything with my mom, so
she's my best friend.
1 after　　　**2** about　　　**3** under　　　**4** near

(10) Kyoko always ( ) up early in the morning.
She makes her lunch before she goes to work.
1 catches　**2** forgets　**3** wakes　**4** keeps

(11) My parents both work, so they aren't at home
( ) the day.
1 down　　　**2** before　　　**3** against　　　**4** during

(12) Each year, more ( ) more people travel to
Japan to enjoy sightseeing and shopping.
1 and　　　**2** or　　　**3** but　　　**4** than

(13) The students ( ) 50 meters in the school pool
yesterday.
1 swim　　　　　　**2** swam
3 swimming　　　　**4** to swim

(14) Mike likes comic books. He reads ( ) every
day.
1 it　　　**2** me　　　**3** him　　　**4** them

(15) ***A:*** I forgot my pencil. ( ) I use yours, Mark?
B: Yes. Here you are.
1 Have　　**2** Could　　**3** Are　　　**4** Was

2 次の(16)から(20)までの会話について，（　　　）に入れるのに最も適切なものを1, 2, 3, 4の中から一つ選び，その番号のマーク欄をぬりつぶしなさい。

(16) *Boy 1:* That's a beautiful guitar.　(　　　)
　　　Boy 2: It's my father's.　He bought it last year.
　　　1 When was it?　　　　　**2** Whose is it?
　　　3 How is he?　　　　　　**4** Where did he go?

(17) *Boy:* Did you bring your soccer ball?
　　　Girl: (　　　) but I'll bring it tomorrow.
　　　1 Not today,　　　　　**2** I like P.E.,
　　　3 Wait a minute,　　　　**4** You played well,

(18) *Daughter:* Dad, I can't find my social studies
　　　　　　　　　textbook.
　　　Father: (　　　)
　　　Daughter: Thanks.
　　　1 It's a difficult subject.
　　　2 It was very interesting.
　　　3 It's on the kitchen table.
　　　4 It's for your brother.

(19) *Girl 1:* I had a great time at your party tonight,
　　　　　　　Lucy!
　　　Girl 2: (　　　) See you!
　　　1 Thanks for coming.　　**2** It was delicious.
　　　3 I'll be there soon.　　　**4** I'll try this one.

56

(20) *Girl 1:* I'm going to open the window.

Girl 2: (　　　) It's really hot in here.

1 I'll take it.

2 That's our classroom.

3 I have one, too.

4 That's a great idea.

3 次の(21)から(25)までの日本文の意味を表すように①から⑤までを並べかえて □ の中に入れなさい。そして，2番目と4番目にくるものの最も適切な組合せを1, 2, 3, 4の中から一つ選び，その番号のマーク欄をぬりつぶしなさい。※ただし，（　）の中では，文のはじめにくる語も小文字になっています。

(21) チームで一番足が速いのは誰ですか。

(① who　② the fastest　③ is　④ on
⑤ runner)

□ □(2番目) □ □(4番目) □ the team?

1 ④ - ⑤　　**2** ② - ③　　**3** ③ - ⑤　　**4** ⑤ - ①

(22) 私はこのサラダを作るためにトマトを3つ使いました。

(① to　② tomatoes　③ make　④ three
⑤ used)

I □ □(2番目) □ □(4番目) □ this salad.

1 ④ - ①　　**2** ④ - ③　　**3** ⑤ - ②　　**4** ③ - ⑤

(23) 私の寝室には，壁に何枚かのポスターがあります。

(① some posters　② on　③ bedroom　④ my
⑤ has)

□ □(2番目) □ □(4番目) □ the wall.

1 ④ - ⑤　　**2** ③ - ①　　**3** ⑤ - ④　　**4** ① - ③

(24) ケーキをもう少^{すこ}しいかがですか。

(① some more ② like ③ you ④ cake
 ⑤ would)

□ □2番目 □ □4番目 □?

1 ③ - ② **2** ⑤ - ② **3** ③ - ① **4** ⑤ - ③

(25) 私^{わたし}の父^{ちち}は野球^{やきゅう}が得意^{とくい}ではありません。

(① not ② at ③ is ④ playing ⑤ good)

My father □ □2番目 □ □4番目 □ baseball.

1 ④ - ③ **2** ① - ⑤ **3** ② - ④ **4** ① - ②

4[A] 次の掲示の内容に関して，(26)と(27)の質問に対する答えとして最も適切なもの，または文を完成させるのに最も適切なものを1, 2, 3, 4の中から一つ選び，その番号のマーク欄をぬりつぶしなさい。

Winter Festival

When: February 1 to 8, 11 a.m. to 8 p.m.
Where: River Park

Enjoy good food and music! You can have free hot chocolate every afternoon at 3 p.m. There will be a special dance show on February 5 at 4 p.m.

To go to River Park, walk 10 minutes from Baker Station. It's by the Riverside Library.

(26) Where is the festival?

1 At River Park.

2 At the Riverside Library.

3 Next to Baker Station.

4 By a concert hall.

(27) A special dance show will start at

1 11 a.m. on February 1.

2 3 p.m. on February 1.

3 4 p.m. on February 5.

4 6 p.m. on February 8.

4[B]

次のEメールの内容に関して，(28)から(30)までの質問に対する答えとして最も適切なもの，または文を完成させるのに最も適切なものを1, 2, 3, 4の中から一つ選び，その番号のマーク欄をぬりつぶしなさい。

From: Rita Alvarez
To: Dana Carpenter
Date: July 21
Subject: Mexican food

Hello Dana,

Do you have plans this Saturday? My grandma is going to visit us here in Colorado this weekend, and she'll teach me to make some Mexican food. She was born in Mexico, but she grew up in California. You love Mexican food, right? We're going to cook *carne asada*. It's Mexican steak. Can you come?
Your friend,
Rita

From: Dana Carpenter
To: Rita Alvarez
Date: July 21
Subject: Thanks

Hi Rita,
Yes, I'm free then! I usually clean my room on

62

Saturday, but I'll do that on Sunday. I love tacos. Last year, I had some delicious cheese nachos at a restaurant in Texas. But I want to make *carne asada*. See you tomorrow!

Bye,
Dana

(28) Where did Rita's grandmother grow up?

    1 In California.

    2 In Mexico.

    3 In Texas.

    4 In Colorado.

(29) On Sunday, Dana will

    1 clean her room.

    2 meet Rita's grandmother.

    3 eat at a restaurant.

    4 try *carne asada*.

(30) What kind of food will Rita and Dana make?

    1 American steak.

    2 Cheese nachos.

    3 Mexican steak.

    4 Tacos.

4[C]

次の英文の内容に関して，(31)から(35)までの質問に対する答えとして最も適切なものを1, 2, 3, 4の中から一つ選び，その番号のマーク欄をぬりつぶしなさい。

Winter Fun

Michael lives in Pennsylvania in the United States. He likes spring, but summer is his favorite season. In fall, Michael starts to feel sad. The weather gets cold, and the days are short. In winter, he usually stays at home and plays video games.

Last December, Michael visited his cousin Jack in Vermont. One day, Jack took Michael to a ski resort.* Michael tried snowboarding for the first time. At first, he fell down a lot. After about four hours, Michael got better. He enjoyed it very much, so Jack and Michael went snowboarding again the next day.

When Michael came home, he told his parents about it. His father said, "There's a ski resort near here. It's an hour by car." Michael's mother bought him a snowboard. She also took him to the resort three times that winter. Michael was happy when spring came, but now he also looks forward to winter because he likes his new hobby.

*ski resort: スキー場

(31) When does Michael begin to feel sad?
1 In spring.
2 In summer.
3 In fall.
4 In winter.

(32) What did Michael do last December?
1 He got a new video game.
2 He stayed at home every day.
3 He visited his cousin.
4 He moved to Vermont.

(33) How many times did Michael and Jack go snowboarding together?
1 Twice.
2 Three times.
3 Four times.
4 Five times.

(34) What did Michael's father say to Michael?
1 He will drive Michael to a ski resort.
2 He will buy Michael a snowboard.
3 There is a ski resort near their house.
4 There is a new ski shop near their house.

(35) Why does Michael look forward to winter now?
1 He has a new hobby.
2 He has a long winter vacation.
3 Jack comes to visit him every year.
4 His mother's birthday is in winter.

リスニング

4級リスニングテストについて

1 このテストには，第1部から第3部まであります。
☆英文は二度放送されます。
第1部：イラストを参考にしながら対話と応答を聞き，最も適切な応答を1, 2, 3の中から一つ選びなさい。
第2部：対話と質問を聞き，その答えとして最も適切なものを1, 2, 3, 4の中から一つ選びなさい。
第3部：英文と質問を聞き，その答えとして最も適切なものを1, 2, 3, 4の中から一つ選びなさい。

2 No. 30のあと，10秒すると試験終了の合図がありますので，筆記用具を置いてください。

第1部　▶MP3　▶アプリ　▶CD2 1〜11

〔例題〕

No. 1

No. 2

No. 3

No. 4

No. 5

No. 6

No. 7

No. 8

No. 9　　　　　　　No. 10

第2部　　　▶MP3　▶アプリ　▶CD2 12〜22

No. 11	1 New Zealand.	2 Australia.
	3 England.	4 Canada.
No. 12	1 Milk.	2 Tea.
	3 Coffee.	4 Water.
No. 13	1 On Saturday afternoon.	
	2 Yesterday morning.	
	3 Last night.	
	4 This morning.	
No. 14	1 About 5 minutes.	
	2 About 15 minutes.	
	3 About 30 minutes.	
	4 About 50 minutes.	
No. 15	1 Her homestay.	
	2 Her computer club.	
	3 Reading an e-mail.	
	4 Talking to her sister.	

No. 16	1 Go shopping.
	2 Go to a pizza restaurant.
	3 Make dinner.
	4 Wash the dishes.

No. 17	1 She went to the doctor.
	2 She went to school.
	3 She had a singing lesson.
	4 She listened to the radio.

| No. 18 | 1 His bag. | 2 His wallet. |
| | 3 His phone. | 4 His pencil case. |

| No. 19 | 1 In 2 minutes. | 2 In 10 minutes. |
| | 3 In 20 minutes. | 4 In 30 minutes. |

No. 20	1 She will study in the library.
	2 She has a club meeting.
	3 She will visit her friend.
	4 She will clean her school.

第3部　◀)) ▶MP3 ▶アプリ ▶CD2 23～33

| No. 21 | 1 Cheese. | 2 Chicken. |
| | 3 Roast beef. | 4 Fish. |

| No. 22 | 1 At 9:00. | 2 At 9:30. |
| | 3 At 10:00. | 4 At 10:30. |

No. 23	1 Her lunch.
	2 Her schoolbooks.
	3 Her friend's comic book.
	4 Her friend's umbrella.

No. 24

1 Three.   2 Four.
3 Five.   4 Six.

No. 25

1 He couldn't see the parade.
2 His parents were busy.
3 His eyes hurt.
4 He missed the bus.

No. 26

1 To a restaurant.
2 To a park.
3 To a soccer stadium.
4 To a museum.

No. 27

1 His brother.
2 His sister.
3 His teacher.
4 His classmates.

No. 28

1 On Mondays.
2 On Tuesdays.
3 On Saturdays.
4 On Sundays.

No. 29

1 His fun day.
2 His favorite artist.
3 His new computer.
4 His house.

No. 30

1 Live in England.
2 Finish high school.
3 Work in a hospital.
4 Become a teacher.

2021-2

2021.10.10実施

試験時間
筆記：35分
リスニング：約30分

Grade 4

筆記　　　　　P72〜83
リスニング　　P84〜88

＊解答・解説は別冊P93〜122にあります。

2021年度第2回
Web特典「自動採点サービス」対応
オンラインマークシート
※検定の回によって2次元コードが違います。
※PCからも利用できます（本書P7参照）。

■ 筆 記 ■

1 次の(1)から(15)までの（　　　）に入れるのに最も適切なものを
1, 2, 3, 4の中から一つ選び，その番号のマーク欄をぬりつぶしなさい。

(1) I don't know this word. I need a (　　　).
   1 dictionary   **2** chair
   3 desk   **4** stamp

(2) The movie (　　　) at 8:00, but I didn't get to the theater until 8:20.
   1 met   **2** began   **3** invited   **4** saw

(3) *A:* Look at that man. He's a (　　　) sumo wrestler.
   B: Wow! He's big!
   1 famous   **2** dry   **3** left   **4** long

(4) *A:* Mom, there's no (　　　) in the bathroom. I need to take a shower.
   B: OK. I'll get some for you.
   1 store   **2** stop   **3** ship   **4** soap

(5) *A:* What do you do in your (　　　) time, Ben?
   B: I listen to music.
   1 good   **2** high   **3** free   **4** short

(6) *A:* How was your fishing trip last weekend, John? Did you (　　　) any fish?
   B: Yes! Five big ones.
   1 catch   **2** arrive   **3** close   **4** think

(7) The (　　　) was nice yesterday, so we went to the zoo.
   1 phone   **2** hope   **3** weather   **4** plane

72

(8) Judy calls her friend Emily every weekend. They talk ( ) a long time.

1 on   **2** as   **3** in   **4** for

(9) *A:* I practice tennis every day, but I'm not good at it.

B: Don't give ( ). You'll get better.

1 up   **2** of   **3** over   **4** under

(10) Natsuyo stayed ( ) a host family in Spain last year.

1 with   **2** into   **3** from   **4** through

(11) Lisa must go ( ) to her hometown because her father is sick.

1 fine   **2** back   **3** little   **4** long

(12) *A:* Did you go shopping last Sunday, Judy?

B: No. I watched a soccer game on TV ( ) home.

1 up   **2** down   **3** on   **4** at

(13) Last month, Taro's grandmother ( ) him and his sister to Disneyland.

1 take   **2** takes   **3** took   **4** taking

(14) *A:* How did you get to the party?

B: My father brought ( ) by car.

1 I   **2** me   **3** my   **4** mine

(15) The students stopped ( ) when the teacher came into the classroom.

1 talking   **2** talks   **3** talk   **4** talked

2 次の(16)から(20)までの会話について, (   ) に入れるのに最も適切なものを1, 2, 3, 4の中から一つ選び, その番号のマーク欄をぬりつぶしなさい。

(16) **Girl:** John, why did you go home early yesterday?
   Boy: (   ) but I'm better now.
   1 I took the train,
   2 I had a cold,
   3 My bus was late,
   4 That's too bad,

(17)   **Wife:** Do you want some coffee, Jim?
   Husband: (   ) I just had a cup of coffee.
   1 You're welcome.
   2 No, thanks.
   3 It's me.
   4 No, I didn't.

(18)   **Man:** Excuse me. I want to go to the CBA
            Bank. Is it near here?
   Woman: Yes, (   )
   1 I'm happy to meet you.
   2 it's on the next corner.
   3 I'll see you then.
   4 it's a very nice day today.

74

(19) *Woman:* How was your trip to France?

    Man: (   ) and I met some nice people there.

1 She is my new friend,

2 It was too far,

3 I stayed home,

4 It was a lot of fun,

(20) *Woman:* Are you a science teacher?

    Man: (   ) I love teaching.

1 Yes, that's right.

2 Yes, every month.

3 I have no idea.

4 I'm late for school.

3 次の(21)から(25)までの日本文の意味を表すように①から⑤までを並べかえて ☐ の中に入れなさい。そして，2番目と4番目にくるものの最も適切な組合せを1, 2, 3, 4の中から一つ選び，その番号のマーク欄をぬりつぶしなさい。※ただし，（　）の中では，文のはじめにくる語も小文字になっています。

(21) ジャックは自転車の鍵を探しています。

(① his　② for　③ is　④ bike key
⑤ looking)

Jack ☐ ☐（2番目） ☐ ☐（4番目） ☐.

1 ① - ②　　**2** ② - ⑤　　**3** ④ - ⑤　　**4** ⑤ - ①

(22) 私は放課後，パターソン先生と話さなくてはなりません。

(① with　② Mrs. Patterson　③ to　④ talk
⑤ need)

I ☐ ☐（2番目） ☐ ☐（4番目） ☐ after school.

1 ④ - ②　　**2** ④ - ③　　**3** ③ - ①　　**4** ③ - ④

(23) 果物を食べることは健康に良いです。

(① good　② fruit　③ eating　④ for　⑤ is)

☐ ☐（2番目） ☐ ☐（4番目） ☐ your health.

1 ⑤ - ④　　**2** ③ - ②　　**3** ② - ①　　**4** ① - ②

76

(24) 私達のクラブのために新しいメンバーを見つけましょう。

(① members ② new ③ let's ④ some ⑤ find)

[ ] [2番目] [ ] [4番目] [ ] for our club.

1 ⑤ - ②　　**2** ⑤ - ①　　**3** ④ - ①　　**4** ④ - ②

(25) フレッドは毎朝水を一杯飲みます。

(① every ② a glass ③ water ④ drinks ⑤ of)

Fred [ ] [2番目] [ ] [4番目] [ ] morning.

1 ② - ④　　**2** ⑤ - ④　　**3** ② - ③　　**4** ⑤ - ①

4[A] 次の掲示の内容に関して，(26)と(27)の質問に対する答えとして最も適切なもの，または文を完成させるのに最も適切なものを1, 2, 3, 4の中から一つ選び，その番号のマーク欄をぬりつぶしなさい。

King's Pizza Place
One-Day Sale on October 28

All pizzas are $8 each!

When you buy two pizzas, you'll get one more for free!

We have 10 different kinds of desserts for $3 each.

Drinks are $1 each.

We have the best pizzas in town, so don't miss this sale!

We are open from 11 a.m. to 10 p.m.

(26) How much is a pizza on October 28?

    1 $1.

    2 $3.

    3 $8.

    4 $10.

(27) People will get a free pizza when they

    1 try two kinds of desserts.

    2 buy two pizzas.

    3 come to the shop at 11 a.m.

    4 buy a large drink.

4[B]

次のＥメールの内容に関して，(28)から(30)までの質問に対する答えとして最も適切なものを1, 2, 3, 4の中から一つ選び，その番号のマーク欄をぬりつぶしなさい。

From: Billy Mason
To: Sandy Mason
Date: April 15
Subject: Speech

Hi Aunt Sandy,

I need your help. I'll give a speech in history class next Tuesday. I'll write it on Friday. You're a good writer, right? Will you come to our house for dinner on Sunday? Can you check my speech after dinner?

Write back soon,
Billy

From: Sandy Mason
To: Billy Mason
Date: April 15
Subject: Sunday

Hi Billy,

Yes, I'm going to go to your home on Sunday, but I have to leave early. Please send your speech to me by e-mail. I'll check it on Saturday night, and I'll

80

send it back to you on Sunday morning. On Sunday, I'm going to bring some carrot cake for dessert. I'll buy it at Sally's Cake Shop. Please tell your dad. It's his favorite.

See you soon,

Aunt Sandy

(28) When will Billy write a speech?
  1 On Sunday.
  2 On Tuesday.
  3 On Friday.
  4 On Saturday.

(29) What does Aunt Sandy say to Billy?
  1 He should eat dinner early.
  2 He should send his speech by e-mail.
  3 He should come to her house.
  4 He should leave home early.

(30) What will Aunt Sandy do on Sunday?
  1 Bring dessert.
  2 Bake a cake.
  3 Open a shop.
  4 Cook dinner.

4[C] 次の英文の内容に関して，(31)から(35)までの質問に対する答えとして最も適切なもの，または文を完成させるのに最も適切なものを1, 2, 3, 4の中から一つ選び，その番号のマーク欄をぬりつぶしなさい。

Christmas Play*

Peter is a junior high school student. He is very good at writing stories in English. Three months ago, he gave a speech in English class. He was nervous, so he couldn't speak well. After class, he was sad.

One day, the English teacher said, "We will have a school play for Christmas. Everyone will have a part.*" Peter was worried. He told his teacher, "Mr. Smith, I don't want to be in the play." Mr. Smith said, "Don't worry. I'll choose the parts tomorrow. I'll give you a small part."

The next day, the students started practicing. Peter got a small part. He practiced with his friends two times a week for about one month. He enjoyed the practices.

Five weeks later, the English class performed.* Peter was excited. Many people were watching him, but he had fun. His mother said, "Peter, you did a great job." Peter was happy. Next year, he wants a bigger part.

*play: 劇
*part: 役
*perform: 上演する

82

(31) Why couldn't Peter speak well during his speech?

    1 He was nervous.

    2 He wasn't good at English.

    3 He didn't practice.

    4 He doesn't like writing.

(32) What did Mr. Smith say to Peter?

    1 Everyone will choose their part.

    2 He will choose a small part for Peter.

    3 Peter has a big part.

    4 All the parts are small.

(33) How often did Peter practice?

    1 Once a week.

    2 Twice a week.

    3 Four times a week.

    4 Three times a month.

(34) How did Peter feel after the play?

    1 Tired.

    2 Sad.

    3 Happy.

    4 Sleepy.

(35) Next year, Peter

    1 will write a play for his class.

    2 wants to give his speech after the play.

    3 will practice for the play with his mother.

    4 wants to have a bigger part in the play.

リスニング

4級リスニングテストについて

1 このテストには，第1部から第3部まであります。
   ☆英文は二度放送されます。
   第1部：イラストを参考にしながら対話と応答を聞き，最も適切な応答を1, 2, 3の中から一つ選びなさい。
   第2部：対話と質問を聞き，その答えとして最も適切なものを1, 2, 3, 4の中から一つ選びなさい。
   第3部：英文と質問を聞き，その答えとして最も適切なものを1, 2, 3, 4の中から一つ選びなさい。

2 No. 30のあと，10秒すると試験終了の合図がありますので，筆記用具を置いてください。

第1部　　　◀) ▶MP3 ▶アプリ ▶CD 2 34〜44

〔例題〕

No. 1

No. 2

No. 3

No. 4

No. 5

No. 6

No. 7

No. 8

No. 9

No. 10

第2部 ▶MP3 ▶アプリ ▶CD2 45〜55

No. 11
1 Watch a DVD.
2 Ride their bikes.
3 Swim in the river.
4 Go hiking.

No. 12
1 $15.   2 $20.
3 $30.   4 $35.

No. 13
1 Ann.   2 Jim.
3 Bob.   4 Bob's family.

No. 14
1 He has a cold.
2 He is tired.
3 His train stopped.
4 He woke up late.

No. 15
1 He woke up early.
2 He went to bed late.
3 He took some medicine.
4 He has a cold.

No. 16
1 Turn off the TV.
2 Watch a DVD.
3 Clean her room.
4 Do her homework.

No. 17
1 On Mondays.
2 On Tuesdays.
3 On Wednesdays.
4 On Thursdays.

No. 18
1 Pizza.　　　　2 Spaghetti.
3 Hamburgers.　4 A salad.

No. 19
1 Write a letter.
2 Visit her grandmother.
3 Go to the park.
4 Play soccer.

No. 20
1 For 20 minutes.　2 For 30 minutes.
3 For two hours.　 4 For three hours.

第3部　　　　　　　◀)) ▶MP3 ▶アプリ ▶CD2 56〜66

No. 21
1 Every day.
2 Every Saturday.
3 Once a month.
4 Twice a month.

No. 22
1 The weather.
2 Speaking Chinese.
3 The food.
4 Studying cooking.

No. 23
1 A dog.
3 A rabbit.
2 A cat.
4 A hamster.

No. 24
1 By ship.
3 By car.
2 By plane.
4 By train.

No. 25
1 Milk.
3 Orange juice.
2 Water.
4 Apple juice.

No. 26
1 At a cake shop.
2 At a school.
3 On a farm.
4 In a clothes store.

No. 27
1 Go home early.
2 Clean her office.
3 Find a new job.
4 Get new glasses.

No. 28
1 A guitar broke.
2 It rained.
3 The singer is sick.
4 The trains are late.

No. 29
1 She runs.
2 She studies.
3 She plays basketball.
4 She talks with her friends.

No. 30
1 See a movie.
2 Have a picnic.
3 Travel with her family.
4 Eat at a restaurant.

2021-1

2021.5.30実施

試験時間
筆記：35分
リスニング：約30分

Grade 4

筆記　　　　　P90〜101
リスニング　　P102〜106

＊解答・解説は別冊P123〜152にあります。

2021年度第1回 Web特典「自動採点サービス」対応
オンラインマークシート
※検定の回によって2次元コードが違います。
※PCからも利用できます（本書P7参照）。

■筆　記■

1 次の(1)から(15)までの（　　　）に入れるのに最も適切なものを
1, 2, 3, 4の中から一つ選び, その番号のマーク欄をぬりつぶしなさい。

(1) My father is a (　　　) of a sports club. He plays
tennis there every Wednesday night.
1 festival　　**2** picnic　　**3** member　　**4** group

(2) Mr. Clark told us many interesting (　　　) about
his trip to India.
1 pictures　　　　　　**2** books
3 stories　　　　　　**4** magazines

(3) It's snowing a lot today, so please drive (　　　).
1 slowly　　**2** freely　　**3** coldly　　**4** busily

(4) In spring, Jane likes to walk in her grandmother's
(　　　). She enjoys looking at the beautiful
flowers there.
1 stone　　**2** sky　　**3** garden　　**4** wall

(5) Many girls in my class have (　　　) hair.
1 late　　**2** slow　　**3** short　　**4** busy

(6) *A:* Do you live in a city?
B: No. I live in a small (　　　).
1 hobby　　**2** ticket　　**3** town　　**4** holiday

(7) I (　　　) Nancy's notebook. It was on Mary's
desk.
1 stayed　　**2** found　　**3** stopped　　**4** went

90

(8) Dennis went to Japan for a year in August. He was
sad when he (   ) goodbye to his family.
1 ended   **2** hoped   **3** told   **4** said

(9) Jeff left the party at 8:00. He wanted to (   )
home early and go to bed.
1 meet   **2** put   **3** send   **4** get

(10) Mom's lemon cake is not as good (   ) her
chocolate cake.
1 to   **2** of   **3** as   **4** by

(11) Patrick is very (   ) in art. He draws or paints
pictures every day.
1 fast   **2** interested **3** clean   **4** healthy

(12) *A:* Did you enjoy the speech in English?
   B: Yes, but I wasn't able (   ) understand all
    of it.
1 for   **2** on   **3** to   **4** at

(13) When Sachiko was visiting India, she (   ) her
camera.
1 lost   **2** lose   **3** to lose   **4** losing

(14) There (   ) a new swimming pool near our
house.
1 be   **2** are   **3** does   **4** is

(15) *A:* Enjoy your trip.
   B: Thanks. I (   ) send you a postcard.
1 are   **2** am   **3** do   **4** will

2 次の(16)から(20)までの会話について, (   ) に入れるのに最も適切なものを1, 2, 3, 4の中から一つ選び, その番号のマーク欄をぬりつぶしなさい。

(16) **Boy 1:** Is that your new coat, Tom? (   )
     Boy 2: Thanks. I like it, too.
     1 It's really nice.   **2** It's cloudy today.
     3 I'll see you soon.   **4** I have one, too.

(17) **Mother:** You don't look well, Brad. Are you OK?
     Son: (   ) I didn't sleep well last night.
     1 I'm tired.   **2** It's on TV.
     3 This is for you.   **4** It's time for dinner.

(18)   **Man:** See you next week, Linda. Have a nice
                 weekend.
     Woman: Thanks, John. (   )
     1 Just a little.
     2 That's all.
     3 You, too.
     4 You're right.

(19) **Brother:** Are these your socks?
      Sister: Yes. (   )
     Brother: Under the sofa.
     1 Did you wear them?   **2** Can you wash them?
     3 Whose are they?   **4** Where were they?

92

(20)   *Son:* When does this TV program finish?

　　Mother: (　　　) Let's make dinner after that.

1 In about 10 minutes.

2 Two hours ago.

3 Every Monday night.

4 Before I went shopping.

3 次の(21)から(25)までの日本文の意味を表すように①から⑤までを並べかえて □ の中に入れなさい。そして，**2番目**と**4番目**にくるものの最も適切な組合せを**1, 2, 3, 4**の中から一つ選び，その番号のマーク欄をぬりつぶしなさい。※ただし，（　）の中では，文のはじめにくる語も小文字になっています。

(21) あなたは英語を話すことが得意ですか。

（ ① good　② at　③ English　④ you

⑤ speaking ）

Are □ □2番目 □ □4番目 □?

1 ④ - ③　　**2** ① - ⑤　　**3** ② - ④　　**4** ① - ②

(22) 私は父が家に帰って来たとき，風呂に入っていました。

（ ① was　② a bath　③ my father　④ taking

⑤ when ）

I □ □2番目 □ □4番目 □ came home.

1 ④ - ⑤　　**2** ④ - ③　　**3** ① - ④　　**4** ① - ②

(23) あなたはどんな種類のアイスクリームが好きですか。

（ ① ice cream　② what　③ kind　④ do　⑤ of ）

□ □2番目 □ □4番目 □ you like?

1 ② - ④　　**2** ② - ⑤　　**3** ③ - ①　　**4** ④ - ③

(24) 釣りはウィリアムの趣味の一つです。

（ ① of　② fishing　③ one　④ William's

⑤ is ）

□ □2番目 □ □4番目 □ hobbies.

1 ③ - ①　　**2** ② - ⑤　　**3** ⑤ - ②　　**4** ⑤ - ①

94

(25) 今日はだれが昼食を作るのですか。

(① going　② is　③ to　④ who　⑤ make)

□　□ 2番目 □　□ 4番目 □ lunch today?

1 ②-③　　**2** ②-⑤　　**3** ④-①　　**4** ④-⑤

4[A]

次のお知らせの内容に関して，(26)と(27)の質問に対する答えとして最も適切なもの，または文を完成させるのに最も適切なものを1, 2, 3, 4の中から一つ選び，その番号のマーク欄をぬりつぶしなさい。

TO EVERYONE IN THE SOCCER CLUB

Next Friday is the last day of school before summer vacation. We'll have a party! Ms. Holland will buy some sandwiches and cookies for us. Please bring your own drinks.

> **DATE:** June 20
> **TIME:** 3:30 p.m.
> **PLACE:** Room 404 (science room)

We'll watch a popular movie about soccer.

(26) Ms. Holland will

    1 buy movie tickets before Friday.

    2 bring some new soccer balls.

    3 get some food for the party.

    4 take some pictures of students.

(27) Where will the party be?

    1 In the school gym.

    2 In the science room.

    3 At a movie theater.

    4 At Ms. Holland's house.

4[B]

次のEメールの内容に関して, (28)から(30)までの質問に対する答えとして最も適切なものを1, 2, 3, 4の中から一つ選び, その番号のマーク欄をぬりつぶしなさい。

From: Sam Fisher
To: Helen Johnson
Date: May 25
Subject: Math

Hi Helen,
How are you? I had soccer practice today. We have a big game on Friday, but I think we'll win. We have a strong team this year. Are you free on Saturday? I need to study for our math test. It's next Monday, right? Do you want to study with me at the library?
See you,
Sam

From: Helen Johnson
To: Sam Fisher
Date: May 25
Subject: Sunday

Hello Sam,
Sorry, but I'm busy on Saturday. I have a dance lesson in the morning, and I'll go and see a movie

with Tina in the evening. How about Sunday morning? I'm free then. After we study, let's go to Bakerstown Pool and swim. I have to go and eat dinner now.

See you tomorrow!

Your friend,

Helen

(28) What did Sam do today?

    1 He went to the library.

    2 He won a game.

    3 He took a test.

    4 He practiced soccer.

(29) When does Helen have a dance lesson?

    1 On Saturday morning.

    2 On Saturday evening.

    3 On Sunday morning.

    4 On Sunday evening.

(30) What does Helen want to do with Sam?

    1 Go to a movie.

    2 Swim at the pool.

    3 Join a sports team.

    4 Eat dinner together.

4[C]

次の英文の内容に関して，(31)から(35)までの質問に対する答えとして最も適切なものを1, 2, 3, 4の中から一つ選び，その番号のマーク欄をぬりつぶしなさい。

Andrew's Hobby

Andrew is a high school student. These days, he is very busy because he is studying for some big tests. He wants to go to a good college next year. He will be happy when the tests are finished. He wants to have more free time for his hobby. He loves to go rock climbing.*

Andrew started rock climbing about five years ago. His friend took him to a climbing gym. There was a wall there, and people were climbing the wall. Andrew tried it, but he didn't like it. The next week, they went to a place in the mountains. The weather was sunny and cool. Andrew loved being outside and climbing real* rocks there.

After that, Andrew went rock climbing every weekend. He sometimes traveled to other places to climb, too. Last summer vacation, he went to California with his friend and climbed there for two weeks. He wants to start climbing again soon.

*rock climbing: ロッククライミング
*real: 本物の

(31) Why is Andrew busy these days?
   1 He is studying for some tests.
   2 His classes are hard.
   3 He started college.
   4 He got a part-time job.

(32) When did Andrew start rock climbing?
   1 About two years ago.
   2 About three years ago.
   3 About four years ago.
   4 About five years ago.

(33) What did Andrew think about climbing in the gym?
   1 He liked it a little.
   2 He loved it.
   3 He didn't like it.
   4 He wants to go again.

(34) What did Andrew do every weekend?
   1 He went rock climbing.
   2 He traveled around the United States.
   3 He went to a climbing gym.
   4 He went to his school.

(35) What did Andrew do last summer vacation?
   1 He went to California.
   2 He took a test.
   3 He visited a college.
   4 He stayed at home.

■リスニング■

4級リスニングテストについて

1 このテストには，第1部から第3部まであります。
☆英文は二度放送されます。
第1部：イラストを参考にしながら対話と応答を聞き，最も適切な応答を1, 2, 3の中から一つ選びなさい。
第2部：対話と質問を聞き，その答えとして最も適切なものを1, 2, 3, 4の中から一つ選びなさい。
第3部：英文と質問を聞き，その答えとして最も適切なものを1, 2, 3, 4の中から一つ選びなさい。

2 No. 30のあと，10秒すると試験終了の合図がありますので，筆記用具を置いてください。

第1部　　　　◀)) ▶MP3 ▶アプリ ▶CD3 1〜11

〔例題〕

No. 1

No. 2

No. 3

No. 4

No. 5

No. 6

No. 7

No. 8

No. 9

No. 10

第2部 ▶MP3 ▶アプリ ▶CD3 12〜22

No. 11
1 On Saturday afternoon.
2 On Saturday evening.
3 On Sunday afternoon.
4 On Sunday evening.

No. 12
1 $10.
2 $12.
3 $15.
4 $20.

No. 13
1 Steve forgot his lunchbox.
2 Steve was late for school.
3 Steve didn't eat his lunch.
4 Steve didn't do his homework.

No. 14
1 He studied with Jane.
2 He helped his mother.
3 He went to the doctor.
4 He met Jane at the station.

No. 15
1 At a post office.
2 At a bank.
3 At a flower shop.
4 At a bus station.

No. 16
1 Stay at her aunt's house.
2 Stay at a hotel.
3 Buy a new bag.
4 Go to the boy's house.

No. 17
1 His desk is broken.
2 He is late for school.
3 His math class is difficult.
4 He can't find his notebook.

No. 18
1 At 4:00.   2 At 4:30.
3 At 5:00.   4 At 5:30.

No. 19
1 A chocolate cake.
2 A cheesecake.
3 A strawberry cake.
4 Fruit salad.

No. 20
1 Kevin.
2 Her father.
3 Her mother.
4 Her grandmother.

第3部 ◀)) ▶MP3 ▶アプリ ▶CD3 23 ～ 33

No. 21
1 Tom's.   2 Tom's sister's.
3 Donna's.   4 Donna's sister's.

No. 22
1 Today's weather.
2 His family's garden.
3 His favorite flower.
4 A park near his house.

No. 23

1 Today.
2 Tomorrow.
3 Next Tuesday afternoon.
4 Next weekend.

No. 24

1 Sausages.	2 Pancakes.
3 Toast.	4 Eggs.

No. 25

1 To the library.
2 To a big game.
3 To the computer club.
4 To his friend's house.

No. 26

1 Buy some food.
2 Drink some water.
3 Go to the store.
4 Call his friend.

No. 27

1 He had a fever.
2 He had to clean his room.
3 He doesn't like soccer.
4 He wanted to play a game.

No. 28

1 Get a pet cat.	2 Live in Africa.
3 Write a book.	4 Work at a zoo.

No. 29

1 One.	2 Two.
3 Four.	4 Ten.

No. 30

1 Help his daughter.
2 Buy something on the Internet.
3 Sell his computer.
4 Send an e-mail.

2020-3

2021.1.24実施

試験時間
筆記：35分
リスニング：約30分

Grade 4

筆記　　　　　P108〜119
リスニング　　P120〜124

＊解答・解説は別冊P153〜182にあります。

2020年度第3回
Web特典「自動採点サービス」対応
オンラインマークシート
※検定の回によって2次元コードが違います。
※PCからも利用できます（本書P7参照）。

■ 筆 記 ■

1 次の(1)から(15)までの(　　　)に入れるのに最も適切なものを1, 2, 3, 4の中から一つ選び，その番号のマーク欄をぬりつぶしなさい。

(1) **A:** Where shall we eat lunch?
   B: Let's eat at the (　　　). The food is good there.
   1 fire station   **2** cafeteria
   3 post office   **4** bus stop

(2) **A:** It's going to rain this afternoon. Take your (　　　) with you.
   B: All right, Mom.
   1 mirror   **2** umbrella   **3** shower   **4** cloud

(3) Now, everybody, look at the world (　　　) on page 10. Where is China?
   1 holiday   **2** map   **3** shower   **4** movie

(4) The train (　　　) at the station very early in the morning.
   1 made   **2** worked   **3** gave   **4** arrived

(5) **A:** Excuse me. You (　　　) some money.
   B: Oh, thank you!
   1 learned   **2** checked   **3** dropped   **4** brushed

(6) **A:** Jack. Is this cap yours (　　　) your brother's?
   B: It's my brother's.
   1 to   **2** or   **3** so   **4** but

108

(7) *A:* Oh, no! It's raining, Lisa.
B: It'll ( ) soon, Jim. Let's wait in that coffee shop.
1 stop **2** study **3** try **4** hear

(8) My family likes sports. For ( ), Dad likes swimming, Mom plays tennis, and I play soccer.
1 reason **2** answer **3** question **4** example

(9) The new Chinese restaurant has many kinds ( ) dishes on the menu. They are all great.
1 from **2** to **3** of **4** by

(10) Ryusuke is a pilot. He goes all ( ) the world for his job.
1 away **2** over **3** into **4** after

(11) *A:* What do you and your friends usually talk ( ), Laura?
B: Our favorite movies and books.
1 after **2** as **3** against **4** about

(12) Last night, my grandfather ate sushi ( ) the first time. He loved it.
1 from **2** before **3** for **4** after

(13) I like this cap ( ) than that one.
1 good **2** well **3** better **4** best

(14) *A:* It's Sunday today, Ben. ( ) are you going to school?
B: The soccer club has practice today.
1 When **2** Why **3** What **4** Where

109

(15) Carol (   ) her uncle Bob at the station yesterday.

1 meeting   **2** meet   **3** met   **4** meets

2 次の(16)から(20)までの会話について, (　　　　) に入れるのに最も適切なものを1, 2, 3, 4の中から一つ選び, その番号のマーク欄をぬりつぶしなさい。

(16) *Girl 1:* Whose car is that?

　　Girl 2: (　　　) He's visiting from Miami.

　　1 I took the bus.

　　2 My brother can't drive.

　　3 It's my uncle's.

　　4 Say hello to your dad.

(17) *Boy 1:* My dad will run a marathon this weekend.

　　Boy 2: Really? (　　　)

　　Boy 1: Yes, every morning.

　　1 Are those his shoes?

　　2 Are you ready now?

　　3 Does he run often?

　　4 Do you have a hobby?

(18) *Daughter:* Dad, is this your pen?

　　Father: Yes, it is. (　　　)

　　Daughter: On the table.

　　1 What do you need?

　　2 How many do you have?

　　3 Who bought it?

　　4 Where was it?

111

(19) *Mother:* Did you enjoy watching the tennis match, Scott?

    Son: (   ) My favorite player won.

1 It was really exciting.

2 Thanks for the racket.

3 I'm in the baseball club.

4 It starts tomorrow.

(20) *Father:* Good morning, Paul. (   )

    Son: I'm not hungry. I just want a glass of juice.

1 What would you like for breakfast?

2 What did you buy at the store?

3 How much was that cup?

4 How will you go to school today?

---

3 次の(21)から(25)までの日本文の意味を表すように①から⑤までを並べかえて ☐ の中に入れなさい。そして、2番目と4番目にくるものの最も適切な組合せを1, 2, 3, 4の中から一つ選び、その番号のマーク欄をぬりつぶしなさい。※ただし、(　　) の中では、文のはじめにくる語も小文字になっています。

---

(21) 駅で私を待つ必要はありません。

    (① wait ② have ③ don't ④ for ⑤ to)

    You ☐ ☐(2番目) ☐ ☐(4番目) ☐ me at the station.

    1 ④ - ②   **2** ② - ①   **3** ⑤ - ④   **4** ① - ④

112

(22) スタジアムへの道を教えていただけませんか。

(① the way   ② to   ③ the stadium   ④ tell   ⑤ me)

Could you ☐ ☐[2番目] ☐ ☐[4番目] ☐ , please?

1 ⑤ - ①   **2** ⑤ - ②   **3** ① - ②   **4** ① - ③

(23) 私はその本の題名を思い出せません。

(① the name   ② of   ③ can't   ④ remember   ⑤ the book)

I ☐ ☐[2番目] ☐ ☐[4番目] ☐ .

1 ④ - ③   **2** ④ - ②   **3** ① - ⑤   **4** ① - ②

(24) 新しい学校をどう思いますか。

(① of   ② what   ③ think   ④ you   ⑤ do)

☐ ☐[2番目] ☐ ☐[4番目] ☐ your new school?

1 ⑤ - ③   **2** ⑤ - ④   **3** ② - ④   **4** ② - ⑤

(25) カレンは, お母さんと同じくらいピアノがじょうずです。

(① well   ② the piano   ③ as   ④ can   ⑤ play)

Karen ☐ ☐[2番目] ☐ ☐[4番目] ☐ as her mother.

1 ④ - ⑤   **2** ④ - ①   **3** ⑤ - ③   **4** ② - ③

113

4[A]

次のお知らせの内容に関して, (26)と(27)の質問に対する答えとして最も適切なものを1, 2, 3, 4の中から一つ選び, その番号のマーク欄をぬりつぶしなさい。

Please help me!

Are you free after school on Wednesdays?

Can you take my grandmother's dog for a walk?

Her dog, Mindy, is very big, and my grandmother has a bad leg. I can't do it because I have soccer practice on Wednesdays. My grandmother will give you $5 every week.

Call me for more information.

555-1234

Karen Shaw

(26) Who is Mindy?

    1 Karen's grandmother.

    2 Karen's sister.

    3 Karen's dog.

    4 Karen's grandmother's dog.

(27) What does Karen do on Wednesdays?

    1 She goes for a walk.

    2 She has soccer practice.

    3 She visits her grandmother.

    4 She plays with her dog.

4[B] 次のＥメールの内容に関して，(28)から(30)までの質問に対する答えとして最も適切なもの，または文を完成させるのに最も適切なものを1, 2, 3, 4の中から一つ選び，その番号のマーク欄をぬりつぶしなさい。

From: Nan Garrison
To: Shelly Garrison
Date: March 3
Subject: Dinner on Saturday

Dear Shelly,
Next Saturday is your grandfather's birthday. You and your parents are going to come to our house for dinner, right? Can you come earlier? I'm going to make a cake, but I need some help. We can make it together. I'm also going to cook spaghetti and meatballs. It's your grandfather's favorite.
Love,
Grandma

From: Shelly Garrison
To: Nan Garrison
Date: March 3
Subject: I'll be there!

Hi Grandma,
That sounds like fun! I'll come to your house after

116

my piano lesson, so I'll be there at two o'clock. I'll ride my bike. Mom and Dad will get to your house at six o'clock. Mom and I bought a nice present for Grandpa. It's a book by his favorite writer. Don't tell him!

Love,

Shelly

---

(28) Whose birthday is next Saturday?

1 Shelly's.

2 Shelly's mother's.

3 Shelly's grandmother's.

4 Shelly's grandfather's.

(29) Before she goes to her grandparents' house, Shelly is going to

1 go to her piano lesson.

2 make a cake for the party.

3 go shopping with her mother.

4 read a book by her favorite writer.

(30) What time will Shelly's parents get to Shelly's grandparents' house?

1 At twelve o'clock.

2 At two o'clock.

3 At four o'clock.

4 At six o'clock.

4[C]

次の英文の内容に関して，(31)から(35)までの質問に対する答えとして最も適切なもの，または文を完成させるのに最も適切なものを1, 2, 3, 4の中から一つ選び，その番号のマーク欄をぬりつぶしなさい。

A Special Lunch

Two weeks ago, Genta and his parents went to New York for summer vacation. They stayed there for five days. On the first day, Genta looked for sightseeing places on the Internet. He read about a famous sandwich shop. It was more than 90 years old. He asked his mother, "Can we go to this sandwich shop today?" His mother answered, "Not today. It's very far from our hotel."

On the third day, Genta and his parents visited a museum. After they visited the museum, Genta saw a sign across the street. He said, "Look! It's the famous sandwich shop!" They went in and had lunch there. Genta ate a chicken sandwich. It was very big, so he couldn't eat all of it. Genta's mother had an egg sandwich, and his father had a tuna sandwich.

Genta took more than 100 pictures in New York. He will make a photo album and show it to his friends at school.

(31) How long did Genta and his parents stay in New York?
1 For three days.
2 For five days.
3 For two weeks.
4 For five weeks.

(32) What did Genta look for on the Internet?
1 Plane tickets.
2 A present for his mother.
3 Hotels.
4 Sightseeing places.

(33) When did Genta and his parents go to the sandwich shop?
1 On the first day of their trip.
2 On the second day of their trip.
3 On the third day of their trip.
4 On the last day of their trip.

(34) Genta couldn't eat all of the sandwich because
1 the chicken wasn't delicious.
2 it was too big.
3 he didn't have time.
4 he doesn't like bread.

(35) How many photos did Genta take in New York?
1 About 10.   2 50.
3 90.   4 More than 100.

リスニング

4級リスニングテストについて

1 このテストには，第1部から第3部まであります。
   ☆英文は二度放送されます。
   第1部：イラストを参考にしながら対話と応答を聞き，最も適切な応答を1, 2, 3の中から一つ選びなさい。
   第2部：対話と質問を聞き，その答えとして最も適切なものを1, 2, 3, 4の中から一つ選びなさい。
   第3部：英文と質問を聞き，その答えとして最も適切なものを1, 2, 3, 4の中から一つ選びなさい。

2 No. 30のあと，10秒すると試験終了の合図がありますので，筆記用具を置いてください。

第1部 ◀)) ▶MP3 ▶アプリ ▶CD3 34〜44

〔例題〕

No. 1

No. 2

No. 3

No. 4

No. 5

No. 6

No. 7

No. 8

No. 9

No. 10

第2部　　　　　▶MP3　▶アプリ　▶CD3 45〜55

No. 11
1 It's Janet's.
2 It's Janet's brother's.
3 It's Mark's.
4 It's Mark's brother's.

No. 12
1 He made dinner.
2 He went to a restaurant.
3 He visited Helen's family.
4 He saw a movie with Helen.

No. 13
1 A cat.　　　　2 A dog.
3 A bird.　　　 4 A hamster.

No. 14
1 She will make a cake.
2 She will have a birthday party.
3 Her father gave her a present.
4 Her friend's birthday is today.

No. 15
1 In a car.　　　　2 In a movie theater.
3 In a bike shop.　4 In a restaurant.

No. 16	**1** Dennis made breakfast.
	2 Dennis woke up late.
	3 Dennis forgot his homework.
	4 Dennis was late for school.

| No. 17 | **1** Rainy. | **2** Windy. |
| | **3** Cold. | **4** Hot. |

No. 18	**1** She was late for school.
	2 She forgot her pencil case.
	3 Her desk is broken.
	4 Her homework is too hard.

No. 19	**1** In 5 minutes.
	2 In 15 minutes.
	3 In 35 minutes.
	4 In 50 minutes.

No. 20	**1** Some milk.
	2 Some bread.
	3 Some apples.
	4 Some juice.

第3部 🔊 ▶MP3 ▶アプリ ▶CD3 56〜66

No. 21	**1** Her school.
	2 Her homework.
	3 Her house.
	4 Her busy day.

| No. 22 | **1** A car. | **2** A bicycle. |
| | **3** A computer. | **4** A book. |

No. 23
1 This morning.
2 This afternoon.
3 Tonight.
4 Tomorrow morning.

No. 24
1 He got a good grade on a test.
2 He won a prize.
3 His new teacher was nice.
4 He found his textbook.

No. 25
1 A teacher.   2 A waitress.
3 A taxi driver.   4 A police officer.

No. 26
1 Australia.   2 England.
3 France.   4 Japan.

No. 27
1 Have a big family.
2 Study at university.
3 Take a trip.
4 Help sick children.

No. 28
1 For one day.
2 For three days.
3 For one week.
4 For three weeks.

No. 29
1 Finish her homework.
2 Write a story about her trip.
3 Go to school.
4 Go to bed early.

No. 30
1 Pancakes.   2 Bacon.
3 Toast.   4 Eggs.

124

英検4級に合格したら…
英検®3級にチャレンジしよう！

3級は、「身近な英語を理解し、また使用できること」が求められます。
また、二次試験面接は、面接委員と対面式で実施されます。
レベルの目安は「中学卒業程度」です。

3級からここが変わる！

※試験内容は変更される可能性がありますので、受験の際は英検ホームページで最新情報をご確認ください。

筆記
長文問題は、問題文の長さが少し長くなるので、読むスピードを上げましょう。また、英作文問題が加わるので、与えられた質問に対して自分の考えとその理由を書けるようにしましょう。

リスニング
第1部は放送回数が1回になるので、一度で正確に聞き取ることが求められます。第3部は英文が少し長くなるので、複数の情報を整理しながら聞くようにしましょう。

面接
イラストの付いた問題カードの英文を音読した後、英語で5つの質問がされます。

オススメの英検書はこちら！

学校でまだ習っていないことも
しっかり学べる

参考書
英検3級
総合対策教本

商品詳細はこちら

CD付

【メ モ】

旺文社の英検®書

☆ 一発合格したいなら「全問＋パス単」！
旺文社が自信を持っておすすめする王道の組み合わせです。

過去問集
☆ 過去問で出題傾向をしっかりつかむ！
英検®過去6回全問題集 1〜5級
[音声アプリ対応] [音声ダウンロード] [別売CDあり]

単熟語集
☆ 過去問を徹底分析した「でる順」！
英検®でる順パス単 1〜5級
[音声アプリ対応] [音声ダウンロード]

模試
本番形式の予想問題で総仕上げ！
7日間完成 英検®予想問題ドリル 1〜5級
[CD付] [音声アプリ対応]

参考書
申し込みから面接まで英検のすべてがわかる！
英検®総合対策教本 1〜5級
[CD付]

問題集
大問ごとに一次試験を集中攻略！
DAILY英検®集中ゼミ 1〜5級
[CD付]

二次対策
動画で面接をリアルに体験！
英検®二次試験・面接完全予想問題 1〜3級
[DVD+CD付] [音声アプリ対応]

このほかにも多数のラインナップを揃えております。

旺文社の英検®合格ナビゲーター https://eiken.obunsha.co.jp/
英検合格を目指す方のためのウェブサイト。
試験情報や級別学習法、おすすめの英検書を紹介しています。

※英検®は、公益財団法人 日本英語検定協会の登録商標です。

株式会社 旺文社　〒162-8680 東京都新宿区横寺町55
　　　　　　　　　　https://www.obunsha.co.jp/

2023年度版

文部科学省後援

英検®4級
過去6回全問題集

別冊解答

旺文社

英検®は、公益財団法人 日本英語検定協会の登録商標です。

2023年度版

文部科学省後援
英検® 4級
過去6回全問題集

別冊解答

英検®は、公益財団法人 日本英語検定協会の登録商標です。

旺文社

もくじ

Contents

2022年度　第2回検定　解答・解説⋯⋯⋯⋯⋯3

第1回検定　解答・解説⋯⋯⋯⋯33

2021年度　第3回検定　解答・解説⋯⋯⋯⋯63

第2回検定　解答・解説⋯⋯⋯⋯93

第1回検定　解答・解説⋯⋯⋯123

2020年度　第3回検定　解答・解説⋯⋯⋯153

2022-2

筆記解答・解説　　P4〜16

リスニング解答・解説　　P16〜32

解答一覧

筆記

1

(1)	3	(6)	1	(11)	4
(2)	4	(7)	4	(12)	1
(3)	1	(8)	2	(13)	1
(4)	2	(9)	3	(14)	3
(5)	3	(10)	1	(15)	2

2

(16)	4	(18)	2	(20)	3
(17)	4	(19)	1		

3

(21)	1	(23)	3	(25)	2
(22)	4	(24)	4		

4 A　**4 B**

(26)	4	(28)	3
(27)	3	(29)	1
		(30)	3

4 C

(31)	3	(33)	2	(35)	3
(32)	4	(34)	4		

リスニング

第1部

No. 1	1	No. 5	2	No. 9	3
No. 2	1	No. 6	2	No.10	3
No. 3	1	No. 7	1		
No. 4	3	No. 8	1		

第2部

No.11	2	No.15	2	No.19	4
No.12	1	No.16	3	No.20	2
No.13	4	No.17	3		
No.14	2	No.18	1		

第3部

No.21	2	No.25	3	No.29	2
No.22	4	No.26	1	No.30	4
No.23	3	No.27	3		
No.24	1	No.28	1		

筆記　1　問題編 P18〜19

(1)　解答 **3**

訳
A「映画を見に行くことについてお母さんに聞いた？」
B「うん。君といっしょに行けるよ」
1 見る　　**2** 作る　　**3** 聞く　　**4** 手に入れる

解説
空所の後にある your mother「あなたのお母さん」と about going to the movie「映画を見に行くことについて」とのつながりから，ask「（人）に聞く，たずねる」が正解です。

(2)　解答 **4**

訳
「多くの国で，クリスマスは人気のある休日で，多くの子どもたちはこの日にプレゼントをもらいます」
1 科目　　**2** 音　　**3** 部屋　　**4** プレゼント

解説
this day は Christmas Day「クリスマスの日」を指しています。many children「多くの子どもたち」がクリスマスに何をもらうかを考えて，present「プレゼント」の複数形 presents を選びます。

(3)　解答 **1**

訳
A「今週末は何をするの？」
B「新しいアパートへ引っ越しするんだ。今までより広いから，うれしいよ」
1 アパート　　**2** バンド　　**3** レース　　**4** 絵画

解説
A は B に，this weekend「今週末」の予定をたずねています。B の move to 〜「〜へ引っ越す」から，apartment「アパート」が正解です。bigger は big「大きい，広い」の比較級で，今住んでいるところよりも広いということです。

(4)　解答 **2**

訳
「ウェンディーはよく，昼食後に食べるためのくだものを持ってきます」

4

1 会う **2** 持ってくる **3** 座る **4** 落ちる

解説 空所の後の some fruit「くだもの」とつながる動詞は，bring「～を持ってくる」の3人称単数現在の形である brings です。to eat after lunch「昼食後に食べるための」は some fruit を修飾しています。

(5) 解答 **3**

訳 A「今週末にキャンプに行かない？ とてもいい天気になるだろうから，夜にたくさんの星を見ることができるよ」

B「それはいいね」

1 ペン **2** 皿 **3** 星 **4** チーム

解説 The weather will be great「とてもいい天気になるだろう」から，at night「夜に」何を見ることができるかを考えて，star「星」の複数形 stars を選びます。go camping は「キャンプに行く」という意味です。

(6) 解答 **1**

訳 「カナダにはたくさんの美しい公園と湖があります。夏には多くの人がそこを訪れます」

1 美しい **2** 疲れた **3** 簡単な **4** 必要な

解説 空所の後の parks and lakes「公園と湖」につながる形容詞は，beautiful「美しい，きれいな」です。there「そこへ」は，many beautiful parks and lakes を指しています。

(7) 解答 **4**

訳 A「このパンをこのナイフで切ってくれる？」

B「わかった」

1 橋 **2** ピクニック **3** 休息 **4** ナイフ

解説 Can you ～? は「～してくれませんか」と依頼する表現です。cut this bread「このパンを切る」ために何を使うかを考えて，knife「ナイフ」を選びます。ここでの with は，「～を使って」という道具・手段を表します。

(8) 解答 2

訳 「その野球チームのメンバーは，毎回の練習中に 15 分間キャッチボールをします」

1 握る 　　2 （play catch で）キャッチボールをする
3 ほしい 　4 言う

解説 空所の後の catch とのつながりを考えて，play catch「キャッチボールをする」という表現にします。catch は「キャッチボール」という名詞として使われています。minute(s) は「分」，practice はここでは名詞の「練習」という意味です。

(9) 解答 3

訳 「オーストラリア出身の新しい英語の先生は，クラスの生徒全員にやさしかったです」

1 〜の 　　　　　　　　　　　　2 〜で
3 （was kind to 〜 で）〜にやさしかった 　4 〜として

解説 空所の前にある kind は「やさしい，親切な」という意味の形容詞で，be kind to 〜「（人）にやさしい」の形で使われます。from Australia は「オーストラリア出身の」という意味です。

(10) 解答 1

訳 A「今夜，テレビでいい映画はある？」
B「ええ。それはある若いダンサーについてよ」

1 （on TV で）テレビで 　2 〜のために
3 〜によって 　　　　　　4 〜の後に

解説 空所の後の TV「テレビ」とつながるのは on で，on TV で「テレビで」という意味になります。A は今夜のテレビで a good movie「いい映画」が放映されるかどうかをたずねています。

(11) 解答 4

訳 「リックはよく朝早くに，彼の犬といっしょに長い時間散歩します」

1 呼ぶ 　　2 聞く
3 見せる 　4 （takes a walk で）散歩する

解説 空所の後の a long walk とのつながりを考えて，take の 3 人称単

数現在の形である takes を入れます。take a walk で「散歩する」という意味で，take a long walk は「長い時間[長距離]散歩する」ということです。

(12) 解答 ①

訳 A「私のチョコレートチップクッキーをどう思う？」
B「とてもおいしいよ」
1（think of 〜 で）〜のことを考える　　**2** 歌う
3 開ける　　　　　　　　　　　　　　**4** 来る

解説 空所の後の of とつながる動詞は think で，think of 〜 は「〜のことを考える」という意味です。What do you think of 〜? で「あなたは〜をどう思いますか」と感想や印象をたずねる表現になります。

(13) 解答 ①

訳「ジェームズは脚をけがしたので，今日の野球の試合に行きません」

解説 he hurt his leg「彼は脚をけがした」という事実と，空所の後の動詞が原形であることから，won't「〜しない（だろう）」が正解です。won't は will not の短縮形です。主語が3人称単数なので，don't は不正解です。

(14) 解答 ③

訳「姉[妹]と私は正午に学校から帰宅しました。母が私たちに昼食を作ってくれました」
1 私たちの　　**2** 私たちは　　**3** 私たちに　　**4** 彼らの

解説 for は前置詞なので，この後には we の目的格である us「私たちに」が続きます。ここでの for us「私たち（のため）に」は，for my sister and me「姉[妹]と私に」ということです。

(15) 解答 ②

訳 A「おばあちゃんがまだ寝ているから，テレビを見ないでね」
B「わかった，お母さん」

解説 Grandma「おばあちゃん」の後にある is に注目して，〈is[am, are]＋動詞の〜ing 形〉「〜している」という現在進行形にします。

7

still は「まだ」という意味です。

筆記 | **2** | 問題編 P20〜21

---

(16) 解答 **4**

訳

父親「ダイニングルームにおいで，ティム。昼食の用意ができたよ」

息子「わかった，お父さん。今行くよ」

1 それは新しい家だよ。　　　2 私は君の寝室が好きだよ。

3 それは君にではないよ。　　**4 昼食の用意ができたよ。**

解説

父親は息子のティムに dining room「ダイニングルーム，食堂」へ来るように言っているので，後に続く発話として適切なのは，その理由になる**4**の Lunch is ready. です。ready は「用意ができて」という意味です。

---

(17) 解答 **4**

訳

女の子1「私たちの水泳のレースはすぐに始まるの？」

女の子2「ええ，5分後に。がんばってね」

女の子1「ありがとう。あなたもね」

1 それは速いわ。　　　　　2 今回じゃないわ。

3 プールでよ。　　　　　　**4 がんばってね。**

解説

女の子たちの swimming race「水泳のレース，競泳」が in five minutes「5分後に」始まるという状況です。女の子1は Thanks.「ありがとう」と言っているので，相手の成功を願ったり相手を励ましたりする**4**の Good luck.「がんばってね」が正解です。

---

(18) 解答 **2**

訳

生徒「夏休みにどこへ行きましたか，リチャーズ先生？」

先生「ベルモア湖へ。私は毎年夏にそこへ釣りに行くのよ」

1 私のリビングルームでね。　　**2 ベルモア湖へ。**

3 春にね。　　　　　　　　　　3 5日間よ。

解説

生徒の発話は Where did you go ...「どこへ行きましたか」で始

8

まっていて，リチャーズ先生が summer vacation「夏休み」にどこへ行ったかをたずねています。具体的な場所を To 〜「〜へ」を使って答えている **2** が正解です。

(19) 解答 ①

訳 女の子1「あなたのお姉さん[妹さん]の誕生日パーティーはどうだった？」
女の子2「楽しかったわよ。そこには30人の人がいたわ」
女の子1「わあ！ それは多いわね」

1 そこには30人の人がいたわ。
2 それは遅れて始まったの。
3 私はプレゼントを忘れちゃったの。
4 あなたは私たちといっしょに来られるわ。

解説 女の子1が That's a lot.「それは多いわね」と言っていることに注目します。これにつながるのは **1** の There were 30 people there. です。女の子2の姉[妹]の誕生日パーティーに30 people「30人（の人）」と多くの人がいたことに女の子1が驚いている状況です。

(20) 解答 ③

訳 母親「ジェニー，台所で私の手伝いをしてくれない？」
娘「ちょっと待って，お母さん。まずこの E メールだけ送る必要があるの」

1 それはお母さんのコンピューターよ，
2 私たちは夕食を食べたわ，
3 ちょっと待って，
4 私はそれが好きよ，

解説 母親はジェニーに，can you help me in the kitchen? と台所で手伝いをするように頼んでいます。ジェニーは I just need to … first.「まず…だけする必要がある」と言っているので，この前の発話としては **3** の Just a minute,「ちょっと待って，」が適切です。

9

筆 記	**3**	問題編 P22〜23

(21) 解答 ①

正しい語順 (May I see your passport), please?

解説 並べかえる語に may「〜してもよい」があることに注目して，May I 〜?「(私が) 〜してもいいですか」という形の文にします。この後には動詞の see「〜を見る」と，その目的語になる your passport「あなたのパスポート」が続きます。日本語は「〜していただけますか」ですが，同じ内容を英語では「〜してもいいですか」と表現していることに着目しましょう。

(22) 解答 ④

正しい語順 I make (breakfast when I have time).

解説 文頭に I make が出ているので，「私は朝食を作ります」+「時間があるとき」の順番で考えます。make「〜を作る」の後に，その目的語になる breakfast「朝食」をつなげます。「〜するとき」は時を表す接続詞 when で，その後に「私は時間がある」を意味する I have time を続けます。

(23) 解答 ③

正しい語順 My father (can speak both English and) French.

解説 「〜することができる」は〈can＋動詞の原形〉で表すことができるので，主語 My father の後に can speak「〜を話すことができる」を続けます。「英語とフランス語の両方」は both 〜 and …「〜と…の両方」の形を使って both English and French とします。

(24) 解答 ④

正しい語順 (The comic book was not interesting at) all.

解説 主語になる The comic book「その漫画」から始めます。「おもしろくありませんでした」という過去の否定文なので，be動詞 is の過去形 was を使って was not interesting とします。「まったく〜ない」は not 〜 at all という表現を使い，at を文末の all の前

10

に置きます。

(25) 解答 **2**

正しい語順 Adam's (house is next to the bookstore).

解説 文頭に出ている Adam's「アダムの」に house「家」を続けて，主語 Adam's house を完成させます。この後には，動詞の is が続きます。「～のとなり（に）」は〈next to＋（場所）〉という表現を使って，next to the bookstore「本屋のとなり（に）」とします。

| 筆 記 | **4A** | 問題編 P24～25 |

全 訳

中学生のためのサッカー日帰りキャンプ

サッカーに興味があれば，私たちのキャンプへお越しください！

日にち：7月12日から7月16日まで
時間：10時30分から15時まで
場所：シルバートン中学校
費用：30ドル

キャンプでは，シルバートン・ファイターズの2人の有名なサッカー選手に会えます。参加するには，6月12日より前にマイク・ウェブへ E メールを送ってください。

infosoccer@silverton.jhs

(26) 解答 **4**

質問の訳 「サッカー日帰りキャンプの最終日はいつですか」

選択肢の訳 1 6月12日。 2 6月16日。 3 7月12日。 4 7月16日。

解説 the soccer day camp「サッカー日帰りキャンプ［デイキャンプ］」の期間は，お知らせの Dates「日にち」の部分に July 12 to July 16 と書かれています。質問では the last day「最終日」をたずねているので，**4** の July 16「7月16日」が正解です。

11

(27) 解答 ③

質問の訳 「キャンプで，生徒たちは」

選択肢の訳
1 シルバートン・ファイターズから E メールを受け取る。
2 マイク・ウェブといっしょに映画を見る。
3 有名なサッカー選手たちに会う。
4 無料のサッカーボールをもらう。

解説 お知らせの下段に，You'll meet two famous soccer players from the Silverton Fighters at the camp. と書かれていて，これを短くまとめている **3** が正解です。You'll は You will の短縮形で，meet は「～に会う」，famous は「有名な」という意味です。

筆記 **4B** | 問題編 P26～27

全訳
差出人：キャロル・ミラー
受取人：デニス・リトル
日付：1 月 16 日
件名：雪祭り

こんにちは，デニス，
スモールビルで特別なイベントがあるわ！ 2 月 2 日から 7 日までの 6 日間，雪祭りがあるの。2 月 6 日には，氷の彫刻コンテストがあるわ。優勝者は 200 ドルもらえるのよ。私はその日に行って，彫刻を見たいと思っているの。チケットは 1 人 10 ドルよ。あなたは行ってみたい？
あなたの友，
キャロル

差出人：デニス・リトル
受取人：キャロル・ミラー
日付：1 月 17 日
件名：行こう！
こんにちは，キャロル，

12

彫刻を見たいけど，2月5日と6日にぼくは家族といっしょにスキーに行くんだ。祭りのウェブサイトを見たよ。2月7日でもぼくたちはまだ彫刻を見られるね。その日に雪だるまコンテストもあるよ。チケットは1人5ドルで，優勝者は100ドルもらえる。参加しようよ！

それじゃまた，

デニス

(28) 解答 ③

質問の訳 「雪祭りの期間はどれくらいですか」

選択肢の訳 **1** 2日間。　　**2** 5日間。　　**3** 6日間。　　**4** 7日間。

解　説 How long ～？は「どれくらいの長さですか」と期間などをたずねる表現です。snow festival「雪祭り」の期間については，キャロルが最初のEメールの2文目に There will be a snow festival for six days, from February 2 to 7. と書いていて，2月2日から7日の6日間だとわかります。

(29) 解答 ①

質問の訳 「デニスは2月5日に何をしますか」

選択肢の訳 **1** スキーに行く。　　　　　**2** 彫刻を作る。
3 祭りを訪れる。　　　　　**4** ウェブサイトを作る。

解　説 デニスが February 5「2月5日」に何をするかについては，2番目のデニスが書いたEメールを見ます。1文目後半の …, but I'll go skiing with my family on February 5 and 6. から，2月5日と6日は家族とスキーに行くことがわかります。

(30) 解答 ③

質問の訳 「雪だるまコンテストの優勝者がもらうのは」

選択肢の訳 **1** 5ドル。　　**2** 10ドル。　　**3** 100ドル。　　**4** 200ドル。

解　説 2番目のEメールの4文目に They'll also have a snowman contest that day. とあり，次の文の後半に …, and the winner gets $100. と書かれています。the winner「その優勝者」とは snowman contest「雪だるまコンテスト」の優勝者のことです。4の $200 は，氷の彫刻コンテストの優勝賞金です。

13

| 筆 記 | **4C** | 問題編 P28〜29 |

全訳

ピアノのレッスン

　先月，キャサリンの両親はハワイでの結婚式に行きました。キャサリンは行けなかったので，1週間彼女の祖母の家に泊まりました。初日に，彼女は両親がいなくて寂しく思い，悲しい気持ちになりました。祖母の家にはインターネットがなくて，祖母は昔のテレビ番組を見ていました。

　翌朝，キャサリンに音楽が聞こえてきました。それはリビングルームから流れてきていました。キャサリンの祖母がピアノを弾いていたのです。キャサリンは，「おばあちゃん，私に教えてくれない？」と言いました。祖母はとてもわくわくした様子でした。祖母は，「何年も前に，あなたのお母さんにもピアノの弾き方を教えたわ」と言いました。2人は毎日3時間練習して，キャサリンは4曲習いました。

　金曜日に，キャサリンの両親が旅行から戻ってきました。両親はキャサリンの祖母にいくつかお土産をあげて，キャサリンは両親のために2曲弾きました。キャサリンの父親は喜びました。キャサリンの母親は，「あなたはもっと頻繁におばあちゃんをたずねたほうがいいわ」と言いました。今，キャサリンはもっと多くの曲を習いたいと思っているので，来月も祖母をたずねるつもりです。

(31) 解答 ③

質問の訳　「キャサリンはどれくらいの期間，祖母の家に泊まりましたか」

選択肢の訳　1 1日間。　2 3日間。　3 **1週間。**　4 1カ月間。

解説　質問は How long「どれくらいの長さ[期間]」で始まっていて，キャサリンが祖母の家に泊まった期間をたずねています。第1段落の2文目後半の …, so she stayed at her grandmother's house for one week. の one week に注目します。

14

(32) 解答 ④

質問の訳　「キャサリンは初日にどのように感じましたか」

選択肢の訳
1　疲れている。　　　　　　　2　わくわくしている。
3　うれしい。　　　　　　　　4　悲しい。

解説　How は「どのように」，feel は「感じる」という意味で，キャサリンが祖母の家に泊まった the first day「初日」にどう感じたかをたずねています。第1段落の3文目に，On the first day, she missed her parents and felt sad. とあるので，**4**が正解です。felt は feel の過去形です。

(33) 解答 ②

質問の訳　「何年も前に，キャサリンの祖母がピアノを教えた相手は」

選択肢の訳
1　キャサリンの父親。　　　　2　キャサリンの母親。
3　キャサリンのおじ。　　　　4　キャサリンの友人たち。

解説　Many years ago は「何年も前に」という意味で，taught は teach「〜を教える」の過去形です。第2段落の6文目に，She said, "Many years ago, I taught your mother to play the piano, too." と書かれています。キャサリンの祖母がキャサリンに向かって話しているので，your mother はキャサリンの母親のことです。

(34) 解答 ④

質問の訳　「キャサリンは金曜日に何をしましたか」

選択肢の訳
1　彼女は新しい曲を習った。
2　彼女は4時間練習した。
3　彼女は結婚式へ行った。
4　彼女は両親のためにピアノを弾いた。

解説　On Friday「金曜日に」で始まる第3段落に金曜日のことが書かれています。その2文目後半に，…, and Katherine played two songs for them. と書かれています。played two songs は「(ピアノで)2曲弾いた」という意味で，them は her parents「彼女（＝キャサリン）の両親」を指しています。

(35) 解答 ③

質問の訳　「キャサリンはなぜ来月祖母をたずねますか」

選択肢の訳
1　彼女の母親が仕事をしなければならない。
2　彼女の両親が旅行に出かける。
3　彼女はもっと多くの曲を習いたい。
4　彼女は祖母にプレゼントをあげる。

解説　キャサリンが来月も祖母をたずねる理由は，第3段落の最後の文で，Now, Katherine wants to learn more songs, so she will visit her grandmother next month, too. と説明されています。~, so … 「~（理由），だから…（結果）」の構文に注意しましょう。

リスニング 第1部　問題編 P30～32

[例題] 解答 ③

放送文
★：Hi, my name is Yuta.
☆：Hi, I'm Kate.
★：Do you live near here?
  1　I'll be there.　　2　That's it.
  3　Yes, I do.

放送文の訳
★：「やあ，ぼくの名前はユウタだよ」
☆：「こんにちは，私はケイトよ」
★：「君はこの近くに住んでいるの？」
  1　私はそこへ行くわ。　　2　それだけよ。
  3　ええ，そうよ。

No.1 解答 ①

放送文
☆：These newspapers are heavy!
★：Are you recycling them?
☆：Yes. Could you help me?
  1　Sure, Mom.　　2　I like reading.
  3　I don't understand.

放送文の訳 ☆：「これらの新聞は重いわ！」

★：「それらをリサイクルしているの？」

☆：「そうよ。手伝ってくれる？」

   1 いいよ，お母さん。   **2** ぼくは読書が好きだよ。

   3 ぼくにはわからない。

解　説 Could you ～? は「～してくれますか」という意味で，母親は息子に手伝ってくれるように頼んでいます。これに対して Sure「いいよ」と答えている **1** が正解です。newspaper(s) は「新聞」，recycling は recycle「～をリサイクルする」の～ing 形です。

No. 2　解答 ①

放送文 ☆：Is your sister in a band, too?

★：Yes.

☆：What does she play?

   1 The trumpet.   **2** At high school.

   3 Our music teacher.

放送文の訳 ☆：「あなたのお姉さん[妹さん]もバンドに入っているの？」

★：「うん」

☆：「彼女は何を演奏するの？」

   1 トランペットだよ。   **2** 高校でだよ。

   3 ぼくたちの音楽の先生だよ。

解　説 What does she play? の she は your sister を指していて，男の子の姉[妹]が band「バンド」で何を演奏するのかたずねています。具体的な楽器名である trumpet「トランペット」と答えている **1** が正解です。

No. 3　解答 ①

放送文 ☆：What are you going to get for Dad's birthday?

★：Some socks.　How about you?

☆：I'll make him a photo frame.

   1 He'll like that.

   2 He'll call later.

   3 He'll get some cake.

22年度第2回　リスニング

17

放送文の訳 ☆:「お父さんの誕生日に何を買うの？」

★:「靴下だよ。君は？」

☆:「私はお父さんに写真の額を作るわ」

1 お父さんはそれを気に入るよ。

2 お父さんは後で電話するよ。

3 お父さんはケーキを買うよ。

解説 Dad's birthday「お父さんの誕生日」に何を用意するか話し合っています。a photo frame「写真の額，フォトフレーム」を作るという女の子の発話に対応しているのは **1** の He'll like that. で，that は a photo frame を指しています。

No.4　解答 ③

放送文 ☆:Mr. Warner, you have a visitor.

★:Who is it?

☆:Mr. Smith.

1 Two o'clock is fine.　　　**2** This is my report.

3 I'll be there soon.

放送文の訳 ☆:「ワーナーさん，あなたに来客です」

★:「どなたですか」

☆:「スミスさんです」

1 2時で大丈夫です。　　　**2** これは私のレポートです。

3 すぐにそちらへ行きます。

解説 visitor は「訪問客」という意味で，ワーナーさんにお客さんが来ている場面です。それが Mr. Smith だと言われた後のワーナーさんの応答として適切なのは **3** の I'll be there soon. で，be there「そこへ行く」はスミスさんのところへ行くということです。

No.5　解答 ②

放送文 ☆:Happy birthday, James.

★:Thanks, Grandma.

☆:Are you going to have a party tonight?

1 Yes, it was delicious.

2 Yes, at a restaurant.

18

3 Yes, a new jacket.

放送文の訳 ☆:「お誕生日おめでとう，ジェームズ」

★:「ありがとう，おばあちゃん」

☆:「今夜はパーティーをするの？」

1 うん，それはとてもおいしかったよ。

2 うん，レストランでね。

3 うん，新しいジャケットだよ。

解説 Are you going to have a party tonight? は，祖母が誕生日を迎えたジェームズに今夜パーティーをするかどうかたずねた質問です。Yes の後に，at a restaurant「レストランで」とパーティーをする場所を答えている **2** が正解です。

No. 6 解答 ②

放送文 ☆:What did you do yesterday?

★:I watched a movie about birds.

☆:How was it?

1 I have two fish.

2 It was interesting.

3 That's all.

放送文の訳 ☆:「昨日は何をしたの？」

★:「鳥についての映画を見たよ」

☆:「それはどうだった？」

1 ぼくは魚を2匹飼っているよ。

2 それはおもしろかったよ。

3 それだけだよ。

解説 How was it? の it は男の子が見たと言っている a movie about birds「鳥についての映画」を指していて，その映画がどうだったかをたずねています。interesting「おもしろい」と映画の感想を述べている **2** が正解です。

No. 7 解答 ①

放送文 ★:I went to the shopping mall today.

☆:Did you buy anything?

★：Yes. These gloves.

1 They're nice.　　　　2 I'll find them.

3 It's closed today.

放送文の訳 ★：「今日，ショッピングモールへ行ったんだ」

☆：「何か買ったの？」

★：「うん。この手袋だよ」

1 それはすてきね。　　　2 私はそれを見つけるわ。

3 今日は閉まっているわ。

解説 shopping mall「ショッピングモール」で何か買ったかをたずねられた男の子は，These gloves.「この手袋」と答えています。その後の女性の発話として適切なのは，その手袋が nice「すてき」だと言っている 1 です。

No.8 解答 ①

放送文 ★：Are you looking for a cap?

☆：Yes. I want a white one.

★：This one is only $10.

1 I'll take it.　　　　2 I think so.

3 I can show you.

放送文の訳 ★：「帽子をお探しですか」

☆：「はい。白い帽子がほしいんです」

★：「この帽子はたったの 10 ドルです」

1 それをいただきます。　　2 私はそう思います。

3 あなたにお見せできます。

解説 2 回出てくる one は，いずれも cap「帽子」のかわりに使われています。a white one がほしいという女性に，男性店員は This one is only $10. と 10 ドルの帽子をすすめています。それにつながるのは 1 の I'll take it. で，「それをいただきます［買います］」という意味です。

No.9 解答 ③

放送文 ★：Let's buy some flowers for your mother.

☆：Good idea.

20

★：Is there a flower shop near here?

   1 I bought 12 roses.

   2 They're very pretty.

   3 There's one by the supermarket.

放送文の訳　★：「君のお母さんに花を買おうよ」

   ☆：「いい考えね」

   ★：「この近くに花屋はあるかな？」

   1 私は12本のバラを買ったわ。

   2 それらはとてもすてきだわ。

   3 スーパーマーケットの近くに1つあるわ。

解説　Is there ～? は「～はありますか」という意味で，男性はこの近くに a flower shop「花屋」があるかどうかをたずねています。There's one「1つ（花屋が）ある」by the supermarket「スーパーマーケットの近くに」と花屋がある場所を答えている **3** が正解です。There's は There is の短縮形で，one は a flower shop を指します。

No.10 解答 ③

放送文　★：Do you have any pets?

   ☆：Yes, I have two hamsters.

   ★：Where are they?

   1 They're 10 months old.   **2** They like carrots.

   3 They're in my bedroom.

放送文の訳　★：「何かペットを飼ってる？」

   ☆：「ええ，ハムスターを2匹飼っているわ」

   ★：「どこにいるの？」

   1 生後10カ月よ。   **2** ニンジンが好きよ。

   3 私の寝室にいるわ。

解説　Where are they? の they は two hamsters「2匹のハムスター」を指していて，男の子は女の子が飼っているハムスターがどこにいるかをたずねています。in my bedroom「私の寝室に」と場所を答えている **3** が正解です。

リスニング 第2部 問題編 P32〜33

No.11 解答 ②

放送文
★：Mom, I need to go to school early tomorrow.
☆：Why?
★：I have band practice for the concert.
☆：OK.
　　Question: Why does the boy have to go to school early tomorrow?

放送文の訳
★：「お母さん、明日は早く学校へ行く必要があるんだ」
☆：「どうして？」
★：「コンサートに向けてバンドの練習があるんだ」
☆：「わかったわ」

質問の訳 「男の子はなぜ明日早く学校へ行かなければなりませんか」

選択肢の訳
1 コンサートを見るため。
2 バンドといっしょに練習するため。
3 宿題をするため。
4 自分の教室を掃除するため。

解説 男の子の発話の need to ～ と質問の have to ～ はどちらも「～する必要がある」という意味です。明日早く学校へ行く必要がある理由について、男の子は I have band practice for the concert. と言っています。この practice は「練習」という名詞ですが、正解の 2 では「練習する」という動詞として使われています。

No.12 解答 ①

放送文
☆：I'm sorry I'm late, Dad.
★：Did you take the bus?
☆：No. It didn't come, so I walked home.
★：Next time, call me. I'll pick you up.
　　Question: Why was the girl late?

放送文の訳
☆：「遅くなってごめんなさい、お父さん」

22

★：「バスに乗ったの？」

☆：「ううん。バスが来なかったから，歩いて家に帰ってきたわ」

★：「次のときは電話してね。車で迎えに行くよ」

質問の訳　「女の子はなぜ遅くなりましたか」

選択肢の訳　**1**　バスが来なかった。

2　電車が止まった。

3　彼女は自分の電話を見つけることができなかった。

4　彼女はバスを乗り間違えた。

解　説　父親の Did you take the bus? に，女の子は No. と答えた後，It didn't come, so I walked home. と言っています。It は the bus を指していて，バスが来なかったので walked home「歩いて家に帰ってきた」と遅くなった理由を説明しています。

No. 13 解答 ④

放送文　★：Marcy, walk the dog.

☆：Can I do it after lunch? I'm watching TV now.

★：No, we're going to visit Grandpa then.

☆：OK, I'll do it.

Question: What is Marcy doing now?

放送文の訳　★：「マーシー，犬を散歩させなさい」

☆：「昼食後にそうしてもいい？　今，テレビを見ているの」

★：「だめだよ，そのとき私たちはおじいちゃんのところへ行くからね」

☆：「わかったわ，そうするわ」

質問の訳　「マーシーは今，何をしていますか」

選択肢の訳　**1**　祖父をたずねている。　　**2**　犬を散歩させている。

3　昼食を作っている。　　　**4**　テレビを見ている。

解　説　walk the dog は「犬を散歩させる」という意味です。男性から犬を散歩させるように言われたマーシーは，Can I do it after lunch? に続けて，今していることを I'm watching TV now. と言っています。**1** の Visiting her grandfather. は昼食後にすることです。

23

No. 14 解答 ②

放送文
★：Do you want to play tennis?
☆：I left my racket at school.
★：That's OK. You can use my mom's.
☆：Great, thanks.
Question: Whose tennis racket will the girl use?

放送文の訳
★：「テニスをしない？」
☆：「学校に私のラケットを置いてきちゃったわ」
★：「大丈夫だよ。ぼくのお母さんのラケットを使えるよ」
☆：「よかった，ありがとう」

質問の訳
「女の子はだれのテニスラケットを使いますか」

選択肢の訳
1 男の子の（テニスラケット）。
2 男の子の母親の（テニスラケット）。
3 彼女自身の（テニスラケット）。
4 彼女の母親の（テニスラケット）。

解説
left は leave「〜を置き忘れる」の過去形です。女の子がラケットを学校に置いてきたということを聞いて，男の子は That's OK. に続けて You can use my mom's. と言っています。my mom's は my mom's racket「ぼくのお母さんのラケット」ということです。

No. 15 解答 ②

放送文
★：Mom, do you know Uncle Bill's address?
☆：Yes. Why?
★：I want to send him a birthday card.
☆：That's nice of you.
Question: What does the boy want to do?

放送文の訳
★：「お母さん，ビルおじさんの住所を知ってる？」
☆：「ええ。どうして？」
★：「おじさんに誕生日カードを送りたいんだ」
☆：「やさしいのね」

質問の訳
「男の子は何をしたいのですか」

選択肢の訳
1 地図を買う。　　　　　　　2 カードを送る。

3 おじに電話する。　　　**4** コンピューターを使う。

解説　男の子から Uncle Bill's address「ビルおじさんの住所」を知っているかどうかたずねられた母親は，Why? とその理由をたずねています。これに対して男の子は，I want to send him a birthday card. と説明しています。〈send＋（人）＋（物）〉で「（人）に（物）を送る」の意味になります。母親の発話の That's nice of you. の nice は「思いやりがある，親切な」という意味です。

No.16 解答 ③

放送文　★：Hello?

　　　☆：Hi, Mike. Are you watching the basketball game on TV?

　　　★：Of course.

　　　☆：Jaylen Porter is playing very well.

　　　★：Yes, he is.

　　　Question: What are they talking about?

放送文の訳　★：「もしもし？」

　　　☆：「もしもし，マイク。テレビでバスケットボールの試合を見てる？」

　　　★：「もちろん」

　　　☆：「ジェイレン・ポーターがとてもいいプレーをしているわ」

　　　★：「うん，そうだね」

質問の訳　「彼らは何について話していますか」

選択肢の訳　**1**　彼らのバスケットボールのコーチ。

　　　2　彼らの新しいテレビ。

　　　3　バスケットボールの試合。

　　　4　新しい先生。

解説　女の子の Are you watching the basketball game on TV? の聞き取りがポイントです。watch ～ on TV は「テレビで～を見る」という意味です。これ以降，2人はテレビで見ている basketball game「バスケットボールの試合」について話しています。

No.17 解答 ③

放送文　☆：What did you do today, Tim?

25

★：I went to the shopping center to buy a notebook.

☆：Is it for school?

★：Yes, for Spanish class.

Question: Why did Tim go to the shopping center?

放送文の訳 ☆：「今日は何をしたの，ティム？」

★：「ノートを買いにショッピングセンターへ行ったよ」

☆：「それは学校用なの？」

★：「うん，スペイン語の授業用だよ」

質問の訳 「ティムはなぜショッピングセンターへ行きましたか」

選択肢の訳 **1** クラスメートに会うため。 **2** 母親に会うため。

3 ノートを買うため。 **4** スペインの食品を買うため。

解説 ティムは今日したことについて，I went to the shopping center to buy a notebook. と言っています。ここでの〈to＋動詞の原形〉は「～するために」という意味で，to buy 以下が I went to the shopping center の理由を表しています。

No.18 解答 **1**

放送文 ☆：Happy birthday, Jim.

★：Thanks, Ms. Clark.

☆：Did you get any cards from your classmates?

★：I got one from Maria and one from Sam.

Question: Whose birthday is it today?

放送文の訳 ☆：「誕生日おめでとう，ジム」

★：「ありがとうございます，クラーク先生」

☆：「クラスメートからカードをもらった？」

★：「マリアから1枚とサムから1枚もらいました」

質問の訳 「今日はだれの誕生日ですか」

選択肢の訳 **1** ジムの（誕生日）。 **2** マリアの（誕生日）。

3 サムの（誕生日）。 **4** クラーク先生の（誕生日）。

解説 最初の Happy birthday, Jim.「誕生日おめでとう，ジム」から，今日はジムの誕生日だとわかります。**2** の Maria と **3** の Sam はジムにカードをあげたクラスメート，**4** の Ms. Clark はジムと話している先生なので，いずれも不正解です。

No. 19 解答 ④

放送文　☆：Dad, do you have to work this weekend?

★：Only on Saturday morning.

☆：Can we go to the park on Sunday afternoon?

★：Sure.

Question: When will they go to the park?

放送文の訳　☆：「お父さん，今週末は仕事をしなくちゃいけないの？」

★：「土曜日の午前中だけだよ」

☆：「私たち，日曜日の午後に公園へ行ける？」

★：「いいよ」

質問の訳　「彼らはいつ公園へ行きますか」

選択肢の訳　**1** 土曜日の午前に。　　　**2** 土曜日の午後に。

3 日曜日の午前に。　　　**4** 日曜日の午後に。

解　説　女の子の Can we go to the park on Sunday afternoon? に，父親は Sure.「いいよ，わかった」と答えているので，2人が公園へ行くのは Sunday afternoon「日曜日の午後」です。**1** の On Saturday morning. については，父親は仕事があると言っています。

No. 20 解答 ②

放送文　★：Hello. What would you like?

☆：Two sandwiches and one rice ball, please.

★：Would you like some drinks, too?

☆：Yes. Three bottles of cola.

Question: How many sandwiches does the woman want?

放送文の訳　★：「いらっしゃいませ。何になさいますか」

☆：「サンドイッチを2つとおにぎりを1つください」

★：「お飲み物もいかがですか」

☆：「はい。コーラを3本」

質問の訳　「女性はサンドイッチをいくつほしいのですか」

選択肢の訳　**1** 1つ。　　　**2** 2つ。　　　**3** 3つ。　　　**4** 4つ。

解　説　男性店員の What would you like? に対する Two sandwiches and one rice ball, please. という答えの Two sandwiches を

27

しっかりと聞き取ります。one rice ball「おにぎり1つ」やThree bottles of cola.「コーラ3本」を聞いて，1や3を選んでしまわないように注意します。

| リスニング 第3部 | 問題編 P33〜34 |  |

No.21 解答 ②

放送文
Here is your key. Your room number is 205. The restaurant on the second floor is open until ten o'clock. Enjoy your stay.
Question: Where is the man talking?

放送文の訳
「こちらがお客さまのキーです。お部屋番号は205です。2階のレストランは10時まで営業しております。ご滞在をお楽しみください」

質問の訳
「男性はどこで話していますか」

選択肢の訳
1 学校で。　2 ホテルで。　3 カフェで。　4 電車の駅で。

解説
key「キー，かぎ」，room number「部屋番号」，The restaurant on the second floor「2階のレストラン」などから，男性はホテルの従業員で，チェックインした客に部屋や館内のレストランについて案内していることがわかります。

No.22 解答 ④

放送文
My American friends came to Japan last week. I took them to a sumo tournament. We also went sightseeing, but they enjoyed eating sushi the most.
Question: What did the man's friends enjoy the most?

放送文の訳
「先週，ぼくのアメリカ人の友人たちが日本へやって来ました。ぼくは彼らを相撲の大会へ連れていきました。ぼくたちは観光にも出かけましたが，彼らはすしを食べるのをいちばん楽しみました」

質問の訳
「男性の友人たちは何をいちばん楽しみましたか」

選択肢の訳
1 相撲の大会を見ること。　2 観光に行くこと。

3 日本の風呂に入ること。　　**4** すしを食べること。

> **解　説**

日本へ来たアメリカ人の友人たちといっしょにしたことが説明されていますが，質問では友人たちがいちばん楽しんだことは何かをたずねています。最後の …, but they enjoyed eating sushi the most から，**4** が正解です。〈enjoy＋動詞の〜ing 形〉は「〜することを楽しむ」という意味です。

No. 23 解答 ③

> **放送文**

My friend Sarah had a party tonight.　But I was sick and couldn't go.　I stayed at home.

Question: What did the boy do tonight?

> **放送文の訳**

「ぼくの友だちのサラが今夜，パーティーをしました。でも，ぼくは具合が悪くて行けませんでした。ぼくは家にいました」

> **質問の訳**

「男の子は今夜，何をしましたか」

> **選択肢の訳**

1 彼はパーティーへ行った。　　**2** 彼は友だちをたずねた。
3 彼は家にいた。　　　　　　　**4** 彼は病院へ行った。

> **解　説**

2文目の But I was sick and couldn't go.「でも，ぼくは具合が悪くて（パーティーへ）行けませんでした」から，**1** は不正解です。最後の文の I stayed at home. から正解がわかります。stay at home は「家にいる」という意味です。

No. 24 解答 ①

> **放送文**

This morning, Sally made a doll.　Tomorrow, she's going to visit her grandfather.　She wants to show him the doll.

Question: What is Sally going to do tomorrow?

> **放送文の訳**

「今朝，サリーは人形を作りました。明日，彼女は祖父をたずねる予定です。彼女は祖父に人形を見せたいと思っています」

> **質問の訳**

「サリーは明日，何をする予定ですか」

> **選択肢の訳**

1 祖父をたずねる。　　　　　　**2** 人形を作る。
3 おもちゃ屋へ行く。　　　　　**4** 人形を買う。

> **解　説**

1文目の This morning, Sally made a doll. はサリーが今朝したこと，2文目の Tomorrow, she's going to visit her grandfather. は彼女が明日することです。〈be going to＋動詞の原形〉は「〜

する予定[つもり]だ」という意味です。質問ではサリーの明日の予定をたずねていることに注意します。

No.25 解答 ③

放送文
It's my father's birthday today, so I'm making a cake. It's in the oven now, but I just remembered something important. I forgot to use sugar!

Question: What is the girl's problem?

放送文の訳
「今日は私の父の誕生日なので，私はケーキを作っています。今それはオーブンの中にありますが，たった今，大切なことを思い出しました。砂糖を使うのを忘れてしまいました！」

質問の訳
「女の子の問題は何ですか」

選択肢の訳
1 彼女は台所を掃除しなかった。
2 彼女はプレゼントを買わなかった。
3 彼女は砂糖を使うのを忘れた。
4 彼女はケーキを買うのを忘れた。

解説
I just remembered something important「たった今，大切なことを思い出しました」の具体的な内容は，その後の I forgot to use sugar! で，これが女の子の problem「問題」です。forgot は forget の過去形で，〈forget to＋動詞の原形〉は「～することを忘れる」という意味です。

No.26 解答 ①

放送文
Good morning, class. This week, we have some exciting events at school. The speech contest is on Wednesday. And on Friday, a jazz band will perform in the gym.

Question: When is the speech contest?

放送文の訳
「おはようございます，クラスのみなさん。今週，私たちには学校で楽しみな行事がいくつかあります。スピーチコンテストが水曜日にあります。そして金曜日に，ジャズバンドが体育館で演奏します」

質問の訳
「スピーチコンテストはいつですか」

選択肢の訳
1 水曜日に。　2 木曜日に。　3 金曜日に。　4 週末に。

| 解説 | speech contest「スピーチコンテスト」がいつ行われるかについては，The speech contest is on Wednesday. と説明しています。**3**の Friday は，a jazz band「ジャズバンド」が体育館で perform「演奏する」日です。

No. 27 解答 ③

| 放送文 | Debra wanted to take her umbrella to school today because it was raining. It wasn't by the front door, so she looked in her father's car. She found it there.

Question: Where was Debra's umbrella?

| 放送文の訳 | 「雨が降っていたので，今日デブラは学校へかさを持っていきたいと思いました。それは玄関のドアのそばになかったので，彼女は父親の車の中を見ました。彼女はそこでそれを見つけました」

| 質問の訳 | 「デブラのかさはどこにありましたか」

| 選択肢の訳 |
1　学校に。
2　玄関のドアのそばに。
3　父親の車の中に。
4　彼女の部屋の中に。

| 解説 | She found it there. の found は find「～を見つける」の過去形です。it はデブラが探していた her umbrella「彼女のかさ」，there はその前の文にある in her father's car を指しているので，**3**が正解です。It wasn't by the front door とあるので，**2**は不正解です。

No. 28 解答 ①

| 放送文 | Yuka loves cooking. She cooks dinner for her family twice a week. She also makes pancakes for breakfast once a month.

Question: How often does Yuka make pancakes for breakfast?

| 放送文の訳 | 「ユカは料理をすることが大好きです。彼女は週に2回，家族に夕食を作ります。彼女はまた月に1回，朝食にパンケーキを作ります」

| 質問の訳 | 「ユカはどれくらいの頻度で朝食にパンケーキを作りますか」

| 選択肢の訳 |　1　月に1回。　2　月に2回。　3　週に1回。　4　週に2回。

31

| 解説 |

質問の How often 〜? は「どれくらいの頻度で〜ですか」と回数などをたずねる表現です。She also makes pancakes for breakfast once a month. に正解が含まれています。once は「1回」，a month は「1カ月に」という意味です。twice a week「週に2回」はユカが家族に夕食を作る頻度です。

No.29 解答 ②

| 放送文 |

I like making clothes. Last month, I made a sweater and a dress. Next, I'm going to make a scarf for my husband.
Question: What will the woman make next?

| 放送文の訳 |

「私は服を作ることが好きです。先月，セーターとドレスを作りました。次は，夫に襟巻きを作ります」

| 質問の訳 |

「女性は次に何を作りますか」

| 選択肢の訳 |

1 セーター。　**2** 襟巻き。　**3** ドレス。　**4** シャツ。

| 解説 |

1 の sweater「セーター」と **3** の dress「ドレス」は，女性が先月作ったものです。Next, I'm going to make a scarf for my husband. から，次に作るのは scarf「襟巻き」だとわかります。for my husband は「私の夫のために」という意味です。

No.30 解答 ④

| 放送文 |

Yesterday, Matt's basketball team had a picnic. He took some potato chips, and his friend took some cookies. His coach took many drinks.
Question: What did Matt take to the picnic?

| 放送文の訳 |

「昨日，マットのバスケットボールチームはピクニックをしました。彼はポテトチップを持っていって，彼の友だちはクッキーを持っていきました。彼のコーチはたくさんの飲み物を持っていきました」

| 質問の訳 |

「マットはピクニックに何を持っていきましたか」

| 選択肢の訳 |

1 サラダ。　　　　　　**2** クッキー。
3 飲み物。　　　　　　**4** ポテトチップ。

| 解説 |

picnic「ピクニック」に何を持っていったかについて，He（＝Matt）→ some potato chips，his friend → some cookies，His coach → many drinks の各情報を聞き分けるようにします。質問ではマットが何を持っていったかたずねています。

32

2022-1

筆記解答・解説 P34〜46

リスニング解答・解説 P46〜62

解答一覧

筆記

1

(1)	3	(6)	1	(11)	3
(2)	1	(7)	3	(12)	3
(3)	2	(8)	1	(13)	1
(4)	4	(9)	2	(14)	3
(5)	1	(10)	3	(15)	1

2

(16)	2	(18)	2	(20)	2
(17)	3	(19)	4		

3

(21)	1	(23)	1	(25)	3
(22)	1	(24)	4		

4 A

(26)	2
(27)	4

4 B

(28)	3
(29)	1
(30)	2

4 C

(31)	2	(33)	1	(35)	4
(32)	1	(34)	3		

リスニング

第1部

No. 1	3	No. 5	3	No. 9	3
No. 2	1	No. 6	1	No.10	2
No. 3	2	No. 7	3		
No. 4	3	No. 8	1		

第2部

No.11	3	No.15	2	No.19	3
No.12	2	No.16	4	No.20	2
No.13	4	No.17	4		
No.14	1	No.18	1		

第3部

No.21	4	No.25	3	No.29	4
No.22	3	No.26	1	No.30	3
No.23	3	No.27	2		
No.24	2	No.28	1		

| 筆　記 | **1** | 問題編 P36〜37 |

(1)　解答 **3**

訳
A「次の電車が来るまでにどれくらいの時間があるかしから」
B「約5分だよ」
1 道に迷った **2** 晴れた　**3** 次の　　**4** 重い

解説
How much time do we have「どれくらいの時間が（私たちには）ありますか」という文前半の内容と，train「電車」とのつながりから，next「次の」が正解です。before は「〜する前に」という意味で，before the next train comes は「次の電車が来るまでに」ということです。

(2)　解答 **1**

訳
A「今日はどれくらいの時間テニスをしたの？」
B「2時間だよ」
1 〜の間　　　　　　　　**2** 〜以来
3 〜といっしょに　　　　**4** 〜を通って

解説
How long 〜? は「どれくらいの時間〜ですか」という意味で，A は B に今日テニスをした時間をたずねています。two hours「2時間」の前にくるのは，時間の長さを表す前置詞の For「〜の間」です。

(3)　解答 **2**

訳
A「うわ，しまった！　間違った日にちを書いちゃった。君の消しゴムを使ってもいいかな？」
B「いいわよ。はい，どうぞ」
1 ベルト　**2** 消しゴム　**3** コート　**4** 地図

解説
wrote は write「〜を書く」の過去形で，A は the wrong date「間違った日にち」を書いたと言っています。この状況から，B に使ってもいいかどうかたずねているのは eraser「消しゴム」です。Can I 〜? は「〜してもいいですか」という意味です。

(4)　解答 **4**

訳　「冬には，カナダのいくつかの都市では気温がとても低いです」
1　故郷　　　2　住所　　　3　問題　　　**4　気温**

解説　空所の後の is very cold「とても寒いです」とのつながりを考えて，temperature「気温」を選びます。ここでの cold は「(気温が) 低い」という意味で使われています。

(5)　解答 **1**

訳　「毎年，私は祖母に花を送ります。祖母の誕生日はクリスマスの日です」
1　送る　　　2　保つ　　　3　信じる　　　4　忘れる

解説　空所に入る動詞の目的語が flowers であることと，to my grandmother「私の祖母に」とのつながりから，send「～を送る」が正解です。〈send + (物) + to + (人)〉 または 〈send + (人) + (物)〉で「(人) に (物) を送る」という意味です。

(6)　解答 **1**

訳　A「とても眠いけど，宿題を終わらせる必要があるんだ」
B「寝て，明日早く起きなさい」
1　眠い　　　2　地元の　　　3　退屈な　　　4　金持ちの

解説　but I need to finish my homework「でも，宿題を終わらせる必要がある」とのつながりを考えて，sleepy「眠い」を選びます。B が Go to bed「寝なさい」と言っていることもヒントになります。wake up は「起きる」という意味です。

(7)　解答 **3**

訳　A「今週末に買い物に行ける，お母さん？」
B「日曜日に行きましょう。土曜日は忙しいの」
1　速い　　　2　弱い　　　**3　忙しい**　　　4　注意深い

解説　this weekend「今週末」に go shopping「買い物に行く」ことができるかどうかたずねられた B は，Sunday「日曜日」に行こうと答えているので，Saturday「土曜日」は busy「忙しい」とするのが自然な流れです。

35

(8) 解答 **1**

訳 A「走るのが速すぎるよ。スピードを落としてくれる？」
B「わかった」
1 （slow down で）スピードを落とす
2 およそ
3 長く
4 しばしば

解説 too ～ は「～すぎる，あまりに～」という意味で，A は B に対して「走るのが速すぎる」と言っています。このことから，A が B に頼んでいるのは slow down「スピードを落とす」ことだとわかります。

(9) 解答 **2**

訳 A「テレビを消しなさい。すぐにここへ来て，私の手伝いをして」
B「わかったよ，お母さん」
1 ～として **2** （at once で）すぐに
3 ～の中に **4** ～の

解説 空所の後にある once とのつながりを考えて，at once「すぐに」という表現にします。turn off ～ は「（テレビなど）を消す，（スイッチなど）を切る」という意味です。

(10) 解答 **3**

訳 「バートン先生は学校のコンサートについてよい考えがあります。先生は授業後に私たちに話したいと思っています」
1 方法
2 横，そば
3 （has a good idea for ～ で）～についてよい考えがある
4 米

解説 空所前後にある has a good と for the school concert とをつなぐのは idea で，have a good idea for ～ で「～について［～のための］よい考え［アイディア］がある」という表現になります。after class は「授業後［放課後］に」という意味です。

36

(11) 解答 3

訳　A「いっしょにニュースを見ようよ，おじいちゃん」
B「ちょっと待ってね。めがねを取ってくるよ」
1 問題
2 レッスン
3 (Just a moment. で) ちょっと待って。
4 ポケット

解説　A の news「ニュース」をいっしょに見ようという提案に，A の祖父である B は最後に I'll get my glasses.「めがねを取ってくる」と言っています。この前の発話として適切なのは，「ちょっと待ってね」を意味する Just a moment. です。

(12) 解答 3

訳　A「君のお兄さん[弟さん]は有名な歌手に似ているね」
B「本当？　彼に伝えるわ」
1 ～の上に
2 ～について
3 (looks like ～ で) ～に似ている
4 ～へ

解説　空所前後にある looks と a famous singer「有名な歌手」をつなげることができるのは like で，look like ～ で「～に似ている」という意味の表現になります。

(13) 解答 1

訳　A「どこへ行くの？」
B「ジョーの家でテレビゲームをするんだ」
A「夕食前に帰っておいで」

解説　空所の前に I'm going があることに注目します。〈be going to ＋動詞の原形〉は「～することになっている，～するつもりだ」という意味を表す表現です。**1** の to play が正解です。

(14) 解答 3

訳　「私のおじは人を助けることが好きなので，警察官になりました」

37

解説 空所には直前の動詞 likes の目的語が入るので，help「～を助ける」の形を変えて，名詞の働きを持つ helping「～を助けること」にする必要があります。police officer は「警察官」です。

(15) 解答 ①

訳 A「この帽子を箱にお入れしましょうか，お客さま」
B「はい，お願いします。それは息子へのプレゼントなんです」

解説 店員と客の会話です。客の B が Yes, please.「はい，お願いします」と答えていることから，店員の A の発話として適切なのは Shall I ～?「(私が) ～しましょうか」という申し出をする表現です。

筆　記	**2**	問題編 P38〜39

(16) 解答 ②

訳 娘「今日，市のプールへ泳ぎに行ったよ」
父親「それは楽しそうだね。バスに乗って行ったの？」
娘「ううん，歩いたわ」

1 それは新しいの？　　　　**2** バスに乗って行ったの？
3 いっしょに行ってもいい？　**4** 晴れてた？

解説 娘が the city pool「市のプール」へ泳ぎに行ったことを父親に伝えています。娘の No, I walked.「ううん，歩いたわ」につながる父親の質問は，交通手段についてたずねている **2** の Did you take the bus? です。

(17) 解答 ③

訳 息子「ぼくといっしょにこのコンピューターゲームをやりたい，お母さん？」
母親「それはとても難しそうね」
息子「心配しないで。簡単だよ」

1 私も１つ買ったわ。
2 私は仕事で１つ使うわ。

38

3 それはとても難しそうね。

4 それは私のお気に入りのゲームよ。

> 解説

息子は最後に Don't worry. It's easy. と言っているので，直前の母親の発話としては，とても難しそうだと心配している **3** の It looks really difficult. が適切です。It は this computer game を指しています。look(s) ～ は「～のように見える」という意味で使われています。

(18) 解答 ②

> 訳

妻「このカレーは本当においしいわ。もう少し食べてもいい？」
夫「もちろん。はい，どうぞ」

1 どうやってそれを作ったの？

2 もう少し食べてもいい？

3 それはいくらだったの？

4 私のかわりにそれをしてくれる？

> 解説

妻の This curry is really delicious. から，カレーを食べている場面だとわかります。夫の言った Here you are. は相手に何かを差し出すときの表現なので，もう少し食べてもいいかどうかをたずねている **2** が正解です。some more の後に curry が省略されています。

(19) 解答 ④

> 訳

男の子1「英語クラブには何人の生徒がいるの？」
男の子2「約30人だよ」
男の子1「うわー！ それは多いね」

1 たったの5ドルだよ。　　**2** 週に2回だよ。

3 2時45分にね。　　　　**4** 約30人だよ。

> 解説

〈How many＋複数形の名詞〉は「何人［いくつ］の」という意味で，男の子1は the English club「英語クラブ」に入っている生徒数をたずねています。人数を答えているのは **4** で，30 は 30 students ということです。

39

(20) 解答 **2**

訳 母親「何か食べたい，クリス？」
息子「うん，お願い。ポテトチップスを食べたいな」
1　ぼくのを使っていいよ。　　2　ポテトチップスを食べたいな。
3　それはスーパーの近くだよ。　4　彼女に質問してみるよ。

解説 母親は息子に something to eat「何か食べるもの」がほしいか，つまり何か食べたいかたずねています。息子は Yes, please. と答えているので，その後の発話として適切なのは，I'd like 〜「〜がほしい」を使って potato chips が食べたいと言っている **2** です。

筆 記 **3** | 問題編 P40〜41

---

(21) 解答 **1**

正しい語順 Please (tell me your new address).
解説 「〜してください」は〈Please＋動詞の原形〉で始めます。動詞の tell は〈tell＋(人)＋(事)〉「(人) に (事) を教える[話す]」の形で使われるので，tell me の後に，「あなたの新しい住所」your new address を続けます。

(22) 解答 **1**

正しい語順 Mr. Smith, (do we need a calculator for) the math test?
解説 「私たちは〜が必要ですか」という疑問文なので，do we need 〜 という語順になります。need「〜が必要だ」の後は，その目的語になる a calculator「電卓」を続けます。「数学のテストに」は「数学のテストのために」と考えて，for を the math test とつなげます。

(23) 解答 **1**

正しい語順 Let's (stop practicing the piano and have) some tea.
解説 日本文を「ピアノの練習を止めましょう」＋「お茶にしましょう」と

40

考えて，前半は Let's stop ～「～を止めましょう」で始めます。「ピアノの練習」は「ピアノの練習をすること」と考えて，practicing the piano とします。この後に，後半を続けるための and を置いて，have「（飲食物）を食べる，飲む」を文末の some tea とつなげます。

(24) 解答 ④

正しい語順 (Is Meg a member of the drama club)?

解説 「メグは～ですか」という疑問文なので，〈be 動詞＋主語〉の語順で Is Meg ～ で文を始めます。次に，「～のメンバー」を a member of ～ で表します。of の後に，「演劇部」を意味する the drama club を続けます。

(25) 解答 ③

正しい語順 We went to (see the baseball game between Japan and) the United States.

解説 went to の後に動詞の see を続けて，went to see ～「～を見に行った」とします。see の後には，その目的語になる the baseball game「野球の試合」を続けます。「日本対アメリカの」は between *A* and *B*「A と B の間の」を使って，between Japan and を文末の the United States とつなげます。

筆 記	**4A**	問題編 P42～43

全 訳

すてきな音楽の夜をお楽しみください

キングストン高校のギタークラブがコンサートを催します。

日にち： 5月3日 土曜日
時間： 午後6時から午後8時
場所： 学校の体育館
チケット：生徒は5ドル
　　　　　親は10ドル

41

コンサートの後に，みなさんには学校のカフェテリアで軽食と飲み物をお召し上がりいただけます。体育館は午後 5 時に開館します。

(26) 解答 2

質問の訳 「生徒のチケットはいくらですか」

選択肢の訳 **1** 2 ドル。　　**2** 5 ドル。　　**3** 7 ドル。　　**4** 10 ドル。

解説 How much is ～? は「～はいくらですか」という意味で，値段をたずねる表現です。a ticket for students「生徒のチケット」については，お知らせの Tickets の部分に $5 for students「生徒は 5 ドル」と書かれています。

(27) 解答 4

質問の訳 「人々はコンサートの後に何をすることができますか」

選択肢の訳 **1** ギターを弾く。
2 学校の体育館で走る。
3 CD を聞く。
4 カフェテリアで食べたり飲んだりする。

解説 質問の after the concert「コンサートの後に」に注目します。お知らせの下部に，Everyone can have some snacks and drinks in the school cafeteria after the concert. と書かれています。have のかわりに，正解の **4** では eat and drink が使われています。

筆 記	**4B**	問題編 P44〜45

全 訳 差出人：デイビッド・プライス
受取人：エル・プライス
日付：8 月 10 日
件名：宿題

おばあちゃんへ，
先週の海辺への旅行はどうだった？　手伝ってくれる？　昔の家族写真が必要なんだ。歴史の授業でそれを使いたいんだ。おばあちゃ

42

んはたくさん写真を持っているよね。今週の土曜日におばあちゃんのところへ行って，写真を何枚かもらえないかな。ぼくはお父さんの写真が好きなんだ。お父さんは当時若かったね。

愛を込めて，

デイビッド

差出人：エル・プライス
受取人：デイビッド・プライス
日付：8月11日
件名：あなたの訪問

こんにちは，デイビッド，

旅行は本当に楽しかったわ。私は土曜日は買い物に行くけど，あなたは日曜日の午後に来ていいわよ。それと，そのときに菜園で私の手伝いをしてくれない？　トマトを育てているの。いくつか収穫できるから，あなたにトマトスープを作るわ。あなたはいくつかトマトを家に持って帰って，お母さんにあげられるわよ。お母さんはそれを使ってサラダを作れるわ。

愛を込めて，

おばあちゃん

(28) 解答 3

質問の訳 「デイビッドがする必要があるのは」

選択肢の訳
1 歴史の本を読む。
2 新しいカメラを買う。
3 家族写真を手に入れる。
4 自分の父親の絵を描く。

解説 デイビッドは最初のEメールの3文目に，I need some old family photos. と書いています。photos は photo「写真」の複数形で，family photos は「家族写真」という意味です。

(29) 解答 1

質問の訳 「デイビッドの祖母は土曜日に何をしますか」

選択肢の訳
1 買い物に行く。
2 海辺へ旅行に行く。
3 サラダを作る。
4 デイビッドの家をたずねる。

解説 質問の on Saturday に注目します。デイビッドの祖母であるエ

43

ル・プライスが土曜日に何をするかは，2番目のEメールの2文目に，I'll go shopping on Saturday と書かれています。

(30) 解答 **2**

質問の訳　「デイビッドの祖母はデイビッドに何と言っていますか」

選択肢の訳
1　彼女はデイビッドに昼食を買う。
2　**彼女はデイビッドにトマトスープを作る。**
3　彼女はトマトが好きではない。
4　彼女はデイビッドの母親と話したい。

解説　デイビッドの祖母は2番目のEメールの5文目に，We can pick some, and I'll make tomato soup for you. と書いています。soup は「スープ」という意味で，for you はこのEメールの受取人であるデイビッドのために，ということです。

筆　記	**4C**	問題編 P46〜47

全　訳

新しい友だち

　サムは大学1年生です。彼の大学は家から遠いので，普段週末は図書館で勉強します。最初，彼は退屈で寂しく感じました。

　ある日，サムの歴史の授業に出ている女の子が彼に話しかけてきました。彼女は，「私の名前はミンディーよ。今週末，私と私の友だちといっしょにキャンプに行かない？」と言いました。サムは，「もちろん！」と言いました。

　それは，サムにとって初めてキャンプに行く機会でした。金曜日に，彼はミンディーから特別なリュックサックと寝袋を借りました。彼女はサムに，「暖かい服を持ってきてね。私の友だちがテントを持っているわ」と言いました。サムは，「ぼくたちはとてもおなかがすくだろう」と思いました。だから，彼はリュックサックにたくさんの食べ物を入れました。

　土曜日に，彼らはレイザー山に歩いて登りました。サムのリュックサックは重かったので，彼は疲れました。ミンディーの友だちは

44

キャンプファイアで夕食を作り，サムがたくさんの食べ物を持ってきたのでみんな喜びました。サムは楽しんで，彼らはまたキャンプに行く計画を立てました。

(31) 解答 2

質問の訳 「サムは普段週末に何をしますか」

選択肢の訳
1 彼は自分の大学で働く。　　　2 彼は図書館で勉強する。
3 彼は夕食を作る。　　　　　　4 彼はミンディーの家に泊まる。

解説 on weekends は「週末に」という意味です。サムが普段週末に何をするかは，第1段落の2文目後半に，..., so he usually studies at the library on weekends. と書かれています。

(32) 解答 1

質問の訳 「金曜日に，サムは」

選択肢の訳
1 ミンディーからリュックサックと寝袋を借りた。
2 ミンディーと彼女の友だちに昼食を作った。
3 ミンディーといっしょに歴史のテストのために勉強した。
4 ミンディーの友だちといっしょに買い物に行った。

解説 サムが Friday「金曜日」に何をしたかは，第3段落の2文目に，On Friday, he borrowed a special backpack and a sleeping bag from Mindy. と書かれています。borrowed は borrow「～を借りる」の過去形です。

(33) 解答 1

質問の訳 「ミンディーはサムに何と言いましたか」

選択肢の訳
1 彼は暖かい服を持ってきたほうがいい。
2 彼は新しいテントを買ったほうがいい。
3 彼は靴を手に入れたほうがいい。
4 彼は地図を手に入れたほうがいい。

解説 第3段落の3文目に，She told Sam, "Bring some warm clothes. My friends have tents." とあります。She は Mindy を指していて，told は tell「(人)に話す」の過去形です。各選択肢の should は「～したほうがいい，～すべきだ」という意味です。

22年度第1回　筆記

(34) 解答 ③

質問の訳　「サムはなぜ疲れましたか」

選択肢の訳
1　彼はあまりよく眠らなかった。
2　彼は十分に食べ物を食べなかった。
3　**彼のリュックサックが重かった。**
4　山がとても大きかった。

解説　tired は「疲れた」という意味です。サムが疲れた理由については，第4段落の2文目に，Sam's backpack was heavy, so he was tired. と書かれています。~, so ... 「~（原因・理由），だから…（結果）」の構文に注意しましょう。

(35) 解答 ④

質問の訳　「ミンディーと彼女の友人たちはなぜ喜びましたか」

選択肢の訳
1　サムが彼女たちに昼食を作った。
2　サムがキャンプファイアを始めた。
3　サムがパーティーの計画を立てた。
4　**サムがたくさんの食べ物を持ってきた。**

解説　第4段落の3文目後半に，..., and everyone was happy because Sam brought a lot of food. とあり，everyone「みんな」が喜んだ理由が because 以下で説明されています。brought は bring「~を持ってくる」の過去形です。

リスニング　第1部　問題編 P48~50

[例題] 解答 ③

放送文
★：Hi, my name is Yuta.
☆：Hi, I'm Kate.
★：Do you live near here?
　　1　I'll be there.　　2　That's it.
　　3　**Yes, I do.**

放送文の訳　★：「やあ，ぼくの名前はユウタだよ」

46

☆：「こんにちは，私はケイトよ」

★：「君はこの近くに住んでいるの？」

   1 私はそこへ行くわ。   **2** それだけよ。

   3 ええ，そうよ。

No.1 解答 ③

放送文 ☆：Look at my new ring.

★：Was it a present?

☆：No. I bought it.

   1 More than 50 dollars.   **2** You're welcome.

   3 It's pretty.

放送文の訳 ☆：「私の新しい指輪を見て」

★：「それはプレゼントだったの？」

☆：「ううん。私が買ったのよ」

   1 50ドル以上だね。   **2** どういたしまして。

   3 すてきだね。

解説 女性が my new ring「私の新しい指輪」を男性に見せている場面です。女性の I bought it.「それ（＝指輪）を買った」の後の発話としては，その指輪が pretty「すてきな」だと言っている **3** が自然な流れです。

No.2 解答 ①

放送文 ☆：Hello.

★：Hi. Can you clean this shirt by Friday?

☆：Yes. It'll be ready on Thursday.

   1 That's great.

   2 This is my favorite.

   3 I'd like to have my shirt.

放送文の訳 ☆：「いらっしゃいませ」

★：「こんにちは。このシャツを金曜日までにクリーニングしてもらえますか」

☆：「はい。木曜日にご用意できます」

   1 それはとても助かります。

22年度第1回　リスニング

47

2 これは私のお気に入りです。

3 私は自分のシャツがほしいです。

> 解説 クリーニング店での会話です。shirt「シャツ」を by Friday「金曜日までに」仕上げてほしいと思っている男性に対して，店員は It'll be ready on Thursday. と木曜日に用意できると答えているので，great「すごい，すばらしい」と言っている **1** が正解です。

No.3 解答 ②

> 放送文
> ☆：What do you do, Peter?
>
> ★：I'm a pilot. How about you?
>
> ☆：I teach piano to children.
>
> **1** In the future. **2** That sounds like fun.
>
> **3** Yes, one daughter.

> 放送文の訳
> ☆：「お仕事は何ですか，ピーター？」
>
> ★：「ぼくはパイロットです。あなたは？」
>
> ☆：「私は子どもたちにピアノを教えています」
>
> **1** 将来に。 **2** それは楽しそうですね。
>
> **3** はい，娘1人です。

> 解説 What do you do? は相手の職業などをたずねる表現です。女性の I teach piano to children. に対する応答として適切なのは **2** で，sound(s) like fun は「楽しそうに聞こえる[思える]」という意味です。children は child「子ども」の複数形です。

No.4 解答 ③

> 放送文
> ☆：Dad, look at those birds.
>
> ★：They're pretty.
>
> ☆：Are they looking for food?
>
> **1** I'll try. **2** I'm hungry.
>
> **3** I think so.

> 放送文の訳
> ☆：「お父さん，あの鳥たちを見て」
>
> ★：「かわいいね」
>
> ☆：「食べ物を探しているのかな」
>
> **1** やってみるよ。 **2** おなかがすいたな。

3 そう思うよ。

解説 look for 〜 は「〜を探す」という意味で，女の子の Are they looking for food? は，they＝those birds「あの鳥たち」が食べ物を探しているのかどうかたずねた質問です。これに対して I think so.「そう思う」と答えている **3** が正解です。

No.5 解答 ③

放送文 ☆：Your birthday is next week, right?

★：Yes, it's on Monday.

☆：Will you have a party?

   1 Right, I came late.   **2** Yes, a new camera.

   3 No, not this year.

放送文の訳 ☆：「あなたの誕生日は来週よね？」

★：「うん，月曜日だよ」

☆：「パーティーをするの？」

   1 そう，ぼくは遅刻したんだ。 **2** うん，新しいカメラだよ。

   3 ううん，今年はやらないよ。

解説 女の子の Will you have a party?「（誕生日）パーティーをするの？」の答えになっているのは **3** で，No の後の not this year は I won't have a party this year.「今年はパーティーをしない」を短くした表現です。

No.6 解答 ①

放送文 ☆：You're walking very slowly today, Steve.

★：I'm sorry, Mom.

☆：Do you feel sick?

   1 No, I'm just tired.

   2 Yes, it was a race.

   3 OK, let's eat something.

放送文の訳 ☆：「今日はずいぶんゆっくり歩いているわね，スティーブ」

★：「ごめん，お母さん」

☆：「具合が悪いの？」

   1 ううん，疲れているだけなんだ。

49

2 うん，それはレースだったよ。

3 いいよ，何か食べよう。

解説 スティーブがとてもゆっくり歩いているので，母親は Do you feel sick? と具合が悪いのかどうかたずねています。これに対して，No の後に I'm just tired「疲れているだけなんだ」と答えている **1** が正解です。

No.7　解答 ③

放送文 ☆：Do you want to play video games today?

★：Of course.

☆：Can you come to my house at ten?

1 Yes, I know that game.

2 No, I didn't win.

3 OK, see you soon.

放送文の訳 ☆：「今日，テレビゲームをしたい？」

★：「もちろん」

☆：「10時に私の家に来られる？」

1 うん，ぼくはそのゲームを知ってるよ。

2 ううん，ぼくは勝たなかったよ。

3 わかった，じゃあまた後でね。

解説 女の子の Can you come to my house at ten?「10時に私の家に来られる？」に，**1** は Yes，**2** は No で答えていますが，いずれもそれ以降が質問の内容に合っていません。正解の **3** では，OK の後に，see you soon「じゃあまた後で」と言っています。

No.8　解答 ①

放送文 ★：I need a new notebook.

☆：OK. Let's go to the bookstore.

★：Where is it?

1 There's one on the second floor.

2 Yes, it's very good.

3 I bought one yesterday.

放送文の訳 ★：「ぼくは新しいノートが必要なんだ」

50

☆：「わかったわ。書店に行きましょう」

★：「それはどこにあるの？」

   1　2階に1店あるわ。

   2　ええ，それはとてもいいわ。

   3　私は昨日1つ買ったわ。

解説　男の子の Where is it? は，bookstore「書店」がどこにあるかをたずねた質問です。具体的に on the second floor「2階に」と場所を答えている **1** が正解です。one は a bookstore のかわりに使われています。

No.9　解答 ③

放送文　★：Wow, that's a nice jacket, Mary.

   ☆：Thanks!

   ★：When did you buy it?

     1　My mother.　　　　**2**　Red and blue.

     3　Last Sunday.

放送文の訳　★：「わあ，それはすてきなジャケットだね，メアリー」

   ☆：「ありがとう！」

   ★：「いつそれを買ったの？」

     1　私の母よ。　　　　**2**　赤と青よ。

     3　先週の日曜日よ。

解説　質問の When「いつ」は時をたずねる疑問詞で，it はメアリーが着ている jacket「ジャケット」を指しています。ジャケットをいつ買ったか答えているのは **3** で，〈last＋曜日〉は「先週の～曜日」という意味です。

No.10　解答 ②

放送文　★：Let's travel to another country next summer.

   ☆：Great idea.

   ★：Where do you want to go?

     1　For two weeks.　　　　**2**　China or Japan.

     3　In my suitcase.

放送文の訳　★：「来年の夏に外国へ旅行しようよ」

☆:「とてもよい考えね」
★:「どこへ行きたい？」
　1　2週間よ。　　　　　　2　中国か日本ね。
　3　私のスーツケースの中よ。

解説　来年の夏に another country「外国」へ旅行することについて話しています。質問の Where「どこへ」は場所をたずねる疑問詞なので，China or Japan.「中国か日本」と自分が行きたい国を答えている 2 が正解です。

リスニング　第2部　問題編 P50〜51　

No.11　解答 3

放送文
☆:Is that a picture of Osaka?
★:Yes. I lived there when I was younger.
☆:Really?
★:Yeah. My grandparents still live there now.
Question: Who lives in Osaka now?

放送文の訳
☆:「それは大阪の写真なの？」
★:「うん。もっと小さかった頃，そこに住んでいたんだ」
☆:「本当？」
★:「そうだよ。ぼくの祖父母は今でもそこに住んでいるよ」

質問の訳　「今，大阪にだれが住んでいますか」

選択肢の訳
1　男の子。　　　　　　　2　女の子。
3　男の子の祖父母。　　　4　女の子の祖父母。

解説　男の子の I lived there when I was younger. の there「そこに」は「大阪に」ということですが，今ではなくもっと小さかった頃のことなので，1 は不正解です。最後の My grandparents still live there now. から，3 が正解です。still は「今でも，まだ」という意味です。

No. 12 解答 ②

放送文 ★：Mom, Sarah's cat had five babies.

☆：Wow!

★：Can I have one?

☆：Let's ask Dad.

Question: What does the boy want to do?

放送文の訳 ★：「お母さん，サラの猫が5匹の赤ちゃんを産んだよ」

☆：「まあ！」

★：「1匹もらってもいい？」

☆：「お父さんに聞いてみましょう」

質問の訳 「男の子は何をしたいと思っていますか」

選択肢の訳 1　動物園をたずねる。　　　2　ペットの猫を手に入れる。

3　友だちと遊ぶ。　　　　4　店に行く。

解説 男の子の Can I have one? の Can I ～? は「～してもいいですか」という意味で，one は a baby「（サラの猫が産んだ5匹の赤ちゃんのうちの）1匹の赤ちゃん」のことです。これを，正解の **2** では a pet cat「ペットの猫」と表現しています。

No. 13 解答 ④

放送文 ☆：You look tired, Billy.

★：I am.

☆：Did you go to bed late last night?

★：No, I got up early this morning to walk my dog.

Question: Why is Billy tired?

放送文の訳 ☆：「疲れているみたいね，ビリー」

★：「そうなんだ」

☆：「昨夜遅くに寝たの？」

★：「ううん，犬を散歩させるために今朝早起きしたんだ」

質問の訳 「ビリーはなぜ疲れていますか」

選択肢の訳 1　彼は昨夜遅くに寝た。　　2　彼は犬を洗った。

3　彼は走りに出かけた。　　4　彼は今朝早起きした。

解説 Did you go to bed late last night? にビリーは No と答えているので，**1** は不正解です。No の後の I got up early this

53

morning to walk my dog に正解が含まれています。walk one's dog は「犬を散歩させる」という意味です。

No.14 解答 ①

放送文 ★：Mom, I need a suit.

☆：Why?

★：I'm going to sing in the school concert next Wednesday.

☆：OK. We can go shopping on Saturday.

Question: What will the boy do next Wednesday?

放送文の訳 ★：「お母さん，ぼくはスーツが必要なんだ」

☆：「どうして？」

★：「来週の水曜日に，学校のコンサートで歌うんだ」

☆：「わかったわ。私たちは土曜日に買い物に行けるわ」

質問の訳 「男の子は来週の水曜日に何をしますか」

選択肢の訳 **1** コンサートで歌う。 **2** 買い物に行く。
3 映画を見る。 **4** ジャケットを買う。

解説 質問では，男の子が next Wednesday に何をするかたずねています。男の子の I'm going to sing in the school concert next Wednesday. から，**1** が正解です。母親の We can go shopping on Saturday. を聞いて **2** を選んでしまわないように気をつけます。

No.15 解答 ②

放送文 ★：Look at that beautiful boat.

☆：Wow. Let's take a photo. Where's your camera?

★：In my bag. Where's yours?

☆：I left it in the car.

Question: Where is the woman's camera?

放送文の訳 ★：「あのきれいなボートを見て」

☆：「まあ。写真を撮りましょう。あなたのカメラはどこにあるの？」

★：「ぼくのかばんの中だよ。君のはどこ？」

☆：「車の中に置いてきちゃったわ」

質問の訳 「女性のカメラはどこにありますか」

選択肢の訳 **1** 男性のかばんの中に。 **2** 車の中に。

54

3 家に。	**4** ボートの中に。

解 説

男性の Where's yours? は Where's your camera? ということ で，この質問に女性は I left it in the car. と答えています。left は leave「〜を置き忘れる」の過去形です。In my bag. は男性が 自分のカメラがある場所を答えた発話なので，それにつられて **1** を選ばないように注意します。

No.16 解答 ④

放送文 ☆ : How was your math test, Tom?

★ : Not bad.　There were only ten questions.

☆ : Were they difficult?

★ : Eight were easy, and two were difficult.

Question: How many questions were on the test?

放送文の訳 ☆ :「数学のテストはどうだった，トム？」

★ :「悪くはなかったよ。10問しかなかったんだ」

☆ :「それは難しかった？」

★ :「8問は簡単で，2問は難しかったよ」

質問の訳　「テストには何問の問題がありましたか」

選択肢の訳　**1** 2問。　　**2** 6問。　　**3** 8問。　　**4** 10問。

解 説

How many 〜 は「いくつの〜」という意味で，質問では数学の テストの問題数をたずねています。男の子の There were only ten questions. から，**4** が正解です。**1** の Two. は difficult だっ た問題数，**3** の Eight. は easy だった問題数です。

No.17 解答 ④

放送文 ☆ : Oh no!　My blue pen is broken.

★ : You can use mine.

☆ : Thanks.

★ : It's in my locker.　I'll get it now.

Question: What is the girl's problem?

放送文の訳 ☆ :「困ったわ！　私の青色のペンが壊れているわ」

★ :「ぼくのを使っていいよ」

☆ :「ありがとう」

22年度第1回　リスニング

55

★：「ぼくのロッカーの中にあるんだ。今取ってくるね」

質問の訳 「女の子の問題は何ですか」

選択肢の訳 **1** 彼女は自分の宿題をやらなかった。

2 彼女は自分のロッカーを見つけられない。

3 彼女の青色のジャケットが汚れている。

4 彼女のペンが壊れている。

解説 the girl's problem「女の子の問題」が何かは，最初の Oh no! My blue pen is broken. からわかります。broken は「壊れた，故障した」という意味です。

No.18 解答 ①

放送文 ★：Mom, can I borrow your book about Japanese art?

☆：Do you need it for a school report?

★：No, I just like looking at the pictures.

☆：OK.

Question: What are they talking about?

放送文の訳 ★：「お母さん，お母さんの日本美術に関する本を借りてもいい？」

☆：「学校のレポートにそれが必要なの？」

★：「ううん，その本の絵[写真]を見るのが好きなだけだよ」

☆：「いいわよ」

質問の訳 「彼らは何について話していますか」

選択肢の訳 **1** 本。　　　　　　　　　**2** 美術館。

3 旅行。　　　　　　　　**4** 学校の図書館。

解説 最初の Mom, can I borrow your book about Japanese art? に話題が含まれています。borrow は「～を借りる」，Japanese art は「日本美術」という意味です。I just like looking at the pictures. は，男の子が母親から本を借りたい理由です。

No.19 解答 ③

放送文 ☆：Dad, can we have curry for lunch?

★：We had curry yesterday. Let's have pizza.

☆：I don't like pizza. How about spaghetti?

★：OK.

56

Question: What will they eat for lunch today?

放送文の訳 ☆:「お父さん，昼食にカレーを食べられるかしら」

★:「昨日カレーを食べたよ。ピザを食べようよ」

☆:「ピザは好きじゃないわ。スパゲティはどう？」

★:「いいよ」

質問の訳 「彼らは今日の昼食に何を食べますか」

選択肢の訳 **1** スープ。 **2** ピザ。 **3** スパゲティ。 **4** カレー。

解説 娘の Dad, can we have curry for lunch? に対して，父親は昨日カレーを食べたので Let's have pizza. と言っています。娘はピザが好きではないので，How about spaghetti?「スパゲティはどう？」と提案をし，これに父親は OK. と答えています。How about ～? は「～はどうですか」と提案する表現です。

No. 20 解答 **2**

放送文 ★: Your Halloween party is on Sunday, right?

☆: Yes. It starts at 4:30.

★: I have to go home at six.

☆: That's fine.

Question: When will the party start?

放送文の訳 ★:「君のハロウィーンのパーティーは日曜日だよね？」

☆:「そうよ。4時30分に始まるわ」

★:「ぼくは6時に家に帰らなくちゃいけないんだ」

☆:「それでかまわないわよ」

質問の訳 「パーティーはいつ始まりますか」

選択肢の訳 **1** 4時に。   **2** 4時30分に。

3 6時に。   **4** 6時30分に。

解説 女の子の Halloween party「ハロウィーンのパーティー」が話題です。このパーティーについて，女の子は It starts at 4:30 (= four thirty). と言っているので，**2**が正解です。**3**の6:00は，男の子が家に帰らなくてはならない時刻です。

57

| リスニング | 第**3**部 | 問題編 P51〜52 | 🔊 | ▶MP3 ▶アプリ
▶CD 1 56〜66 |

No. 21 解答 ④

放送文　I grow vegetables in my garden.　In summer, I can get many tomatoes.　I use them when I cook.　Sometimes, I give them to my friends.

Question: Where does the woman get her tomatoes?

放送文の訳　「私は自分の菜園で野菜を育てています。夏には，たくさんのトマトを収穫できます。料理をするときに，それらを使います。ときどき，友だちにトマトをあげます」

質問の訳　「女性はどこでトマトを手に入れますか」

選択肢の訳　**1**　スーパーマーケットから。　　**2**　彼女の友だちから。
3　彼女の両親から。　　**4**　彼女の菜園から。

解説　1文目のI grow vegetables in my garden. から，菜園でvegetables「野菜」を育てていること，さらに2文目のIn summer, I can get many tomatoes. から，夏には（菜園で）tomatoes「トマト」を収穫できることがわかります。

No. 22 解答 ③

放送文　My sister's birthday is on Sunday.　My parents will give her a new smartphone, and I'll buy her a phone case. My grandfather will make a cake for her.

Question: What will the boy buy for his sister's birthday?

放送文の訳　「ぼくの姉[妹]の誕生日は日曜日です。ぼくの両親は彼女に新しいスマートフォンをあげて，ぼくは電話ケースを買ってあげるつもりです。祖父は彼女にケーキを作ります」

質問の訳　「男の子は自分の姉[妹]の誕生日に何を買いますか」

選択肢の訳　**1**　スマートフォン。　　**2**　ケーキ。
3　電話ケース。　　**4**　本。

解説　My sister's birthday が話題です。両親 → give her a new smartphone「彼女に新しいスマートフォンをあげる」，自分

58

→ buy her a phone case「彼女に電話ケースを買う」，祖父
→ make a cake for her「彼女にケーキを作る」の各情報を聞き
分けることがポイントです。

No. 23 解答 ③

放送文　I'll go to Hawaii next Friday for my vacation.　Last night, I took out my suitcase, but it was broken.　I'll buy a new one tomorrow.

Question: When will the woman go to Hawaii?

放送文の訳　「私は次の金曜日に休暇でハワイへ行きます。昨夜，スーツケースを取り出しましたが，それは壊れていました。明日，新しいものを買います」

質問の訳　「女性はいつハワイへ行きますか」

選択肢の訳
1　今夜。　　　　　　　　2　明日の夜。
3　次の金曜日。　　　　　4　来年。

解説　1文目の I'll go to Hawaii next Friday for my vacation. から，ハワイへ行くのは next Friday だとわかります。スーツケースを取り出した Last night や，a new one「新しいもの（＝スーツケース）」を買う tomorrow と混同しないように注意しましょう。

No. 24 解答 ②

放送文　Yesterday, my mom was in a swimming race.　I went to watch it with my dad and my brother.　We were so happy when she won.

Question: Who won the swimming race?

放送文の訳　「昨日，私のお母さんは競泳に出場しました。私はお父さんと兄[弟]といっしょにそれを見に行きました。お母さんが勝ったとき，私たちはとても喜びました」

質問の訳　「だれが競泳で勝ちましたか」

選択肢の訳
1　女の子。　　　　　　　2　女の子の母親。
3　女の子の父親。　　　　4　女の子の兄[弟]。

解説　1文目の Yesterday, my mom was in a swimming race. から女の子の母親が a swimming race「競泳」に出場したこと，さら

22年度第1回　リスニング

59

に，最後の We were so happy when she won. から母親が勝ったことがわかります。won は win「勝つ，優勝する」の過去形です。

No. 25 解答 ③

放送文 Emily's friends are going to go fishing this afternoon. Emily can't go because she has to get ready for her school trip.

Question: What does Emily have to do today?

放送文の訳 「エミリーの友人たちは今日の午後，釣りに行きます。エミリーは修学旅行の準備をしなければならないので，行くことができません」

質問の訳 「エミリーは今日，何をしなければなりませんか」

選択肢の訳
1 釣りに行く。　　　　　2 友人たちへのカードを作る。
3 旅行の準備をする。　　4 早く学校へ行く。

解説 1の Go fishing. は Emily's friends がすることで，2文目に Emily can't go とあるので 1 は不正解です。エミリーが行けない理由である she has to get ready for her school trip に正解が含まれています。get ready for ～ は「～の準備をする」という意味です。

No. 26 解答 ①

放送文 I like taking photos in my free time. I often take photos of flowers and trees. I also take many photos at my brother's soccer games.

Question: What is the boy talking about?

放送文の訳 「ぼくは時間があるときに写真を撮ることが好きです。よく花や木の写真を撮ります。兄[弟]のサッカーの試合でも写真をたくさん撮ります」

質問の訳 「男の子は何について話していますか」

選択肢の訳
1 彼の趣味。　　　　　2 彼の美術の授業。
3 彼の大好きなスポーツ。4 彼の兄[弟]のカメラ。

解説 最初の I like taking photos in my free time. で話題が示されて

60

います。take photos は「写真を撮る」，in *one*'s free time は「時間があるときに」という意味です。like ～ing「～することが好きだ」という内容を，正解の **1** では hobby「趣味」という名詞を使って表現しています。

No. 27 解答 2

放送文
I live near my grandparents. I go to their house after school every Tuesday and Thursday. They often come to my house on Sundays.

Question: How often does the girl go to her grandparents' house?

放送文の訳
「私は祖父母の近くに住んでいます。毎週火曜日と木曜日の放課後に，私は祖父母の家へ行きます。祖父母はよく日曜日に私の家に来ます」

質問の訳
「女の子はどれくらいの頻度で祖父母の家へ行きますか」

選択肢の訳
1 週に1回。　**2** 週に2回。　**3** 週に3回。　**4** 毎日。

解説
2文目の I go to their house の their house は，1文目の内容を受けて my grandparents' house ということです。その後の after school every Tuesday and Thursday「毎週火曜日と木曜日の放課後に」から，祖父母の家へ行くのは週2回だとわかります。

No. 28 解答 1

放送文
Oliver likes cooking. He makes dinner for his family on Wednesdays. On weekends, he cooks breakfast and makes cakes.

Question: What does Oliver do on Wednesdays?

放送文の訳
「オリバーは料理をすることが好きです。毎週水曜日に，彼は家族に夕食を作ります。週末には，朝食を作って，ケーキを作ります」

質問の訳
「オリバーは毎週水曜日に何をしますか」

選択肢の訳
1 彼は夕食を作る。　　　　**2** 彼は朝食を作る。
3 彼はケーキを作る。　　　**4** 彼はレストランへ行く。

解説
質問では on Wednesdays についてたずねていることに注意しま

61

す。He makes dinner for his family on Wednesdays. から，**1** が正解です。**2** の cooks breakfast や **3** の makes a cake は，オリバーが On weekends「週末に」することです。

No.29 解答 ④

放送文 I'll go to England next year. First, I'll go to London to see some famous buildings. Then, I'll watch a soccer game in Liverpool.

Question: Why will the man go to London?

放送文の訳 「ぼくは来年，イングランドへ行きます。最初に，いくつかの有名な建物を見るためにロンドンへ行きます。それから，リバプールでサッカーの試合を見ます」

質問の訳 「男性はなぜロンドンへ行きますか」

選択肢の訳 **1** 彼の友だちをたずねるため。 **2** 有名な人に会うため。
3 サッカーの試合を見るため。 **4** いくつかの建物を見るため。

解 説 2文目の First, I'll go to London to see some famous buildings. に正解が含まれています。ここでの to 〜 は「〜するために」という目的を表す用法です。**3** の watch a soccer game はリバプールですることです。

No.30 解答 ③

放送文 My brother and I often go running after school. He runs 2 kilometers, and I usually run 3 kilometers. Tomorrow, I want to run 4 kilometers.

Question: How many kilometers does the girl usually run?

放送文の訳 「私の兄［弟］と私は，学校が終わってからよく走りに行きます。兄［弟］は2キロ走り，私はたいてい3キロ走ります。明日，私は4キロ走りたいと思っています」

質問の訳 「女の子は普段何キロ走りますか」

選択肢の訳 **1** 1キロ。 **2** 2キロ。 **3** 3キロ。 **4** 4キロ。

解 説 I usually run 3 kilometers から，女の子が普段走る距離は3キロだとわかります。**2** の Two. は兄［弟］が走る距離，**4** の Four. は女の子が明日走りたいと思っている距離です。

2021-3

筆記解答・解説　P64〜76

リスニング解答・解説　P76〜92

解答一覧

筆記

1

(1)	4	(6)	1	(11)	4
(2)	1	(7)	4	(12)	1
(3)	4	(8)	1	(13)	2
(4)	3	(9)	2	(14)	4
(5)	2	(10)	3	(15)	2

2

(16)	2	(18)	3	(20)	4
(17)	1	(19)	1		

3

(21)	3	(23)	2	(25)	4
(22)	1	(24)	3		

4 A

(26)	1
(27)	3

4 B

(28)	1
(29)	1
(30)	3

4 C

(31)	3	(33)	1	(35)	1
(32)	3	(34)	3		

リスニング

第1部

No. 1	2	No. 5	3	No. 9	2
No. 2	2	No. 6	1	No.10	1
No. 3	3	No. 7	1		
No. 4	2	No. 8	3		

第2部

No.11	2	No.15	1	No.19	3
No.12	4	No.16	3	No.20	1
No.13	3	No.17	1		
No.14	4	No.18	2		

第3部

No.21	2	No.25	1	No.29	1
No.22	4	No.26	4	No.30	4
No.23	3	No.27	2		
No.24	3	No.28	1		

| 筆 記 | **1** | 問題編 P54〜55 |

(1) 解答 **4**

訳 A「私は泳げないので，レッスンを受けたいの」

B「市のプールに電話するといいよ。ぼくはそこで泳ぎを習ったんだ」

1 例　　　**2** 花　　　**3** 分　　　**4** レッスン

解 説 I can't swim, so 〜「私は泳げません，なので〜」に続く内容なので，A がしたいのは lessons「レッスン」を受けることです。take lessons「レッスン[授業]を受ける」の形で覚えておきましょう。B の〈learned to＋動詞の原形〉は「（習って）〜できるようになった」という意味です。

(2) 解答 **1**

訳 「午前中に雨がやんだので，私たちは公園へ行きました」

1 やんだ　**2** 勉強した　**3** 買った　**4** 聞いた

解 説 〜, so …「〜，だから…」という形に注目します。The rain（　　）in the morning が，we went to the park の理由になっています。午前中に rain「雨」が stopped「やんだ」ので，park「公園」へ行ったということです。stopped は stop の過去形です。

(3) 解答 **4**

訳 「インターネットはすばやく情報を得るのにとても役立ちます」

1 科目　　**2** 教室　　**3** テープ　　**4** 情報

解 説 〈be useful for＋動詞の〜ing 形〉は「〜するのに役立つ」という意味です。The Internet「インターネット」が何を得るのに役立つかを考えて，information「情報」を選びます。

(4) 解答 **3**

訳 「カレンにはわくわくするニュースがあります。彼女はフランスへ引っ越す予定です」

1 それぞれの　　　　　**2** すべての

64

3 わくわくする　　　　　　　**4** 簡単な

解説 カレンの news「ニュース」の具体的な内容が，2文目の She's going to move to France. です。フランスへ引っ越すという内容から考えて，exciting news「わくわくするニュース」とします。

(5)　解答 **2**

訳 A「もう1つハンバーガーがほしい，ラリー？」
B「いや，大丈夫。おなかがいっぱいなんだ」
1 すべての　　　　　　　　　**2** もう1つの
3 同じ　　　　　　　　　　　**4** 少ししかない

解説 Do you want ～? は「～がほしいですか」という意味です。B の No, thanks.　I'm full. という応答から，A は B に another hamburger「ハンバーガーをもう1つ」食べるかどうかたずねていることが推測できます。No, thanks. は「けっこうです，ありがとう」と断る表現です。I'm full. は「満腹です」という意味です。

(6)　解答 **1**

訳 「市は私の近所に新しい学校を建設する予定です」
1 建設する　　　　　　　　　**2** ～になる
3 ブラシをかける　　　　　　**4** 持ってくる

解説 空所に入る動詞の目的語は a new school「新しい学校」なので，**1** の build「～を建設する[建てる]」が正解です。in *one's* neighborhood は「～の近所に」という意味です。

(7)　解答 **4**

訳 「ロバーツさんはいつも忙しいですが，毎朝 E メールを確認します」
1 閉める　　**2** 変える　　**3** 呼ぶ　　**4** 確認する

解説 空所の後の his e-mail「彼の E メール」とのつながりから，check「～を確認する」の3人称単数現在の形 checks が入ります。busy は「忙しい」，every morning は「毎朝」という意味です。

21年度第3回　筆記

65

(8) 解答 **1**

訳 A「君はおじいさんのところへよく行くの？」
B「ううん，でもぼくたちは毎週末お互いに話をするよ」
1 （each other で）お互い 　 2 いくつかの
3 次の 　　　　　　　　　　　 4 多くの

解説 空所の前の each とのつながりを考えて，each other「お互い」とします。speak to each other は「お互いに話す」という意味で，ここでは祖父と自分がお互いに話すということです。

(9) 解答 **2**

訳 「私はお母さんと何についてでも話せるので，お母さんは私のいちばんの友だちです」
1 ～の後に
2 （talk about ～ で）～について話す
3 ～の下に
4 ～の近くに

解説 空所の前後にある talk「話す」と everything「すべてのこと」とのつながりを考えて，talk about ～「～について話す」とします。mom は「お母さん」，best friend は「いちばんの友だち，親友」という意味です。

(10) 解答 **3**

訳 「キョウコはいつも朝早く起きます。彼女は仕事へ行く前に自分の昼食を作ります」
1 つかまえる 　　　　　　　　 2 忘れる
3 （wakes up で）起きる 　　 4 保つ

解説 空所の後に up があることと，early in the morning「朝早く」という内容から，wakes up「起きる，目が覚める」という表現にします。wakes は主語が3人称単数のときの現在形です。

(11) 解答 **4**

訳 「私の両親は2人とも仕事をしているので，日中は家にいません」
1 下に

66

2 ～の前に

3 ～に反対して

4 （during the day で）日中[昼間]に

解説 they aren't at home「彼ら（＝私の両親）は家にいない」という内容と，空所の後の the day とのつながりから，during the day「日中に」とします。both は「両方[2人]とも」という意味です。

(12) 解答 ❶

訳 「毎年，ますます多くの人たちが観光と買い物を楽しむために日本へ旅行に行きます」

1 （more and more ～ で）ますます多くの～

2 または

3 しかし

4 ～より

解説 空所の前後に more があることに注目して，more and more ～「ますます多くの～」という表現にします。travel to ～ は「～へ旅行に行く」，sightseeing は「観光」という意味です。

(13) 解答 ❷

訳 「生徒たちは昨日，学校のプールで 50 メートルを泳ぎました」

解説 文末にある yesterday「昨日」から，過去のできごとに関する文であることを理解して，swim「(距離)を泳ぐ」の過去形 swam を選びます。meter(s) は「メートル」という意味です。

(14) 解答 ❹

訳 「マイクはマンガ本が好きです。彼は毎日それらを読みます」

1 それを　　2 私を　　3 彼を　　4 それらを

解説 空所には直前の動詞 reads「～を読む」の目的語が入ります。マイクが読むのは 1 文目に出ている comic books「マンガ本」なので，複数名詞を受ける 3 人称の代名詞 they の目的格 them が正解です。

(15) 解答 ❷

訳 A「鉛筆を忘れちゃったの。あなたのを使ってもいいかしら，マーク?」

67

B「うん。はい，どうぞ」

解説 forgot は forget「〜を忘れる」の過去形です。A が鉛筆を忘れたという状況と，B が Here you are.「はい，どうぞ」と言っていることから，A は許可を求める Could I 〜?「〜してもいいですか」の形で，B の鉛筆を使っていいかどうかたずねていることがわかります。yours は your pencil ということです。

筆記 2 | 問題編 P56〜57

(16) 解答 2

訳 男の子1「それはきれいなギターだね。だれのものなの？」
男の子2「ぼくの父のだよ。父は去年それを買ったんだ」

1　それはいつだったの？　　　　2　それはだれのものなの？
3　彼の調子はどう？　　　　　　4　彼はどこへ行ったの？

解説 男の子2が It's my father's. と言っていることに注目します。ここでの my father's は「私の父の（ギター）」ということで，男の子1の質問として適切なのは，ギターがだれのものかをたずねる Whose is it? です。whose は「だれのもの」という意味です。

(17) 解答 1

訳 男の子「自分のサッカーボールを持ってきた？」
女の子「今日は持ってこなかったけど，明日持ってくるわ」

1　今日はそうではない，　　　　2　私は体育が好きよ，
3　ちょっと待って，　　　　　　4　あなたはうまくプレーしたわ，

解説 女の子は空所の後で，but I'll bring it tomorrow「でも明日それ（＝サッカーボール）を持ってくる」と言っています。この発話につながるのは Not today で，「今日はそうではない」，つまり「今日はサッカーボールを持ってこなかった」ということです。

(18) 解答 3

訳 娘「お父さん，社会科の教科書が見つからないの」
父親「それは台所のテーブルの上にあるよ」

68

娘「ありがとう」

1 それは難しい教科だよ。

2 それはとてもおもしろかったよ。

3 それは台所のテーブルの上にあるよ。

4 それは君のお兄ちゃん[弟]にだよ。

解 説　I can't find 〜 は「〜が見つからない」という意味で，娘は my social studies textbook「私の社会科の教科書」を探しています。それが on the kitchen table「台所のテーブルの上に」あると教えている **3** が正解です。

(19) 解答 ①

訳　女の子1「今夜のあなたのパーティーはとても楽しかったわ，ルーシー！」

女の子2「来てくれてありがとう。またね！」

1 来てくれてありがとう。　　**2** それはとてもおいしかったわ。

3 私はすぐにそこへ行くわ。　　**4** 私はこれを試してみるわ。

解 説　女の子1は I had a great time at 〜「私は〜でとても楽しい時間を過ごした」と，パーティーが楽しかったことを伝えています。女の子2の応答として適切なのは，〈Thanks for+動詞の〜ing 形〉「〜してくれてありがとう」の形で，パーティーに来てくれたことを感謝している **1** です。

(20) 解答 ④

訳　女の子1「窓を開けるわ」

女の子2「とてもいい考えね。この中は本当に暑いわ」

1 それをいただくわ。　　　　**2** それは私たちの教室よ。

3 私も1つ持っているわ。　　　**4** それはとてもいい考えね。

解 説　女の子2の It's really hot in here.「この中は本当に暑い」から，女の子2は女の子1の I'm going to open the window. に対して賛成していると推測できます。したがって，窓を開けることが a great idea「とてもいい考え」だと言っている **4** が正解です。

21年度第3回　筆記

69

筆記 **3** | 問題編 P58〜59

(21) 解答 **3**

正しい語順 (Who is the fastest runner on) the team?

解説 runner「走者」があることに注目して、「チームでいちばん速い走者はだれですか」と考えます。疑問詞 Who「だれが」で始め、動詞 is を続けます。この後に、「いちばん速い走者」を意味する the fastest runner をもってきます。fastest は形容詞 fast「速い」の最上級です。最後に、on を文末の the team とつなげます。

(22) 解答 **1**

正しい語順 I (used three tomatoes to make) this salad.

解説 「私はトマトを3つ使いました」+「このサラダを作るために」の順番で考えます。主語 I の後に、動詞 use「〜を使う」の過去形 used と、その目的語になる three tomatoes を続けます。「〜を作るために」は〈to＋動詞の原形〉の形で表し、ここでは to make とします。

(23) 解答 **2**

正しい語順 (My bedroom has some posters on) the wall.

解説 「私の寝室」を主語にして、My bedroom から始めます。「〜があります」は「〜を持っています」と考えて動詞 has を使い、その目的語になる some posters を続けます。「壁に」は「壁の上に」と考えて、on を文末の the wall「壁」とつなげます。

(24) 解答 **3**

正しい語順 (Would you like some more cake)?

解説 「〜をいかがですか」という日本文に注目して、相手に食べ物や飲み物などをすすめる表現の Would you like 〜? の形の文にします。like の後にくる「ケーキをもう少し」の部分は「もう少しのケーキ」と考えて、some more cake とします。

70

(25) 解答 ④

正しい語順 My father (is not good at playing) baseball.

解説 主語 My father の後には，動詞の is がきます。「〜が得意である」は be good at 〜 で，これを否定文にするために be 動詞の直後に not を置いて is not good at とします。「野球が」は「野球をすることが」と考えて，at の後に playing baseball を続けます。

筆記	**4A**	問題編 P60〜61

全訳

冬祭り

時：2月1日から8日，午前11時から午後8時
場所：リバー公園
おいしい食べ物と音楽をお楽しみください！　毎日午後3時に，ホットチョコレートを無料でもらえます。2月5日の午後4時には，特別なダンスショーがあります。

リバー公園へ行くには，ベーカー駅から10分歩いてください。
リバーサイド図書館のそばにあります。

(26) 解答 ①

質問の訳 「祭りはどこで行われますか」

選択肢の訳
1　リバー公園で。
2　リバーサイド図書館で。
3　ベーカー駅のとなりで。
4　コンサートホールのそばで。

解説 Where は「どこで」という意味の疑問詞です。festival「祭り」が行われる場所については，掲示の Where: の後に River Park と書かれています。2 の the Riverside Library は，祭りが行われるリバー公園のそばにある図書館です。

(27) 解答 ③

質問の訳 「特別なダンスショーが始まるのは」

選択肢の訳
1　2月1日の午前11時。
2　2月1日の午後3時。

3 2月5日の午後4時。　　**4** 2月8日の午後6時。

解　説　a special dance show「特別なダンスショー」について，掲示の4～6行目に There will be a special dance show on February 5 at 4 p.m. と書かれています。There will be ～ は There is ～「～がある」の未来形，p.m. は「午後」という意味です。

筆 記　　**4B**　｜　問題編 P62～63

全　訳　差出人：リタ・アルバレス
受取人：ダナ・カーペンター
日付：7月21日
件名：メキシコ料理

こんにちは，ダナ，
今週の土曜日は予定がある？　私のおばあちゃんが今週末にここコロラドの私たちをたずねてきて，私にメキシコ料理の作り方を教えてくれるの。おばあちゃんはメキシコ生まれなんだけど，カリフォルニアで育ったの。あなたはメキシコ料理が大好きよね？　私たちはカルネ・アサーダを作るつもりなの。メキシコのステーキよ。来られる？
あなたの友，
リタ

差出人：ダナ・カーペンター
受取人：リタ・アルバレス
日付：7月21日
件名：ありがとう

こんにちは，リタ，
ええ，その日は空いているわ！　普段は土曜日に部屋の掃除をするけど，それは日曜日にやるわ。私はタコスが大好きなの。去年，テキサスのレストランでとてもおいしいチーズナチョスを食べたわ。でも，カルネ・アサーダを作りたいわ。それじゃ，明日！
じゃあね，

72

ダナ

(28) 解答 ①

質問の訳 「リタの祖母はどこで育ちましたか」

選択肢の訳
1 カリフォルニアで。 　　　2 メキシコで。
3 テキサスで。 　　　　　　4 コロラドで。

解説 grow up は「育つ，大人になる」という意味で，過去形は grew up です。リタが書いた最初の E メールの 3 文目に，She was born in Mexico, but she grew up in California. とあります。She は 2 文目の主語 My grandma「私のおばあちゃん」を指していて，リタの祖母が生まれたのはメキシコ，育ったのはカリフォルニアです。

(29) 解答 ①

質問の訳 「日曜日に，ダナは」

選択肢の訳
1 部屋を掃除する。
2 リタの祖母に会う。
3 レストランで食事する。
4 カルネ・アサーダを食べてみる。

解説 ダナは 2 番目の E メールの 2 文目に，I usually clean my room on Saturday, but I'll do that on Sunday. と書いています。do that「それをする」は clean my room を指していて，普段は土曜日にする部屋の掃除を，今週末は日曜日にするということです。

(30) 解答 ③

質問の訳 「リタとダナはどんな種類の食べ物を作りますか」

選択肢の訳
1 アメリカのステーキ。 　　2 チーズナチョス。
3 メキシコのステーキ。 　　4 タコス。

解説 1 番目の E メールの 5 ～ 6 文目に We're going to cook *carne asada.* It's Mexican steak. とあり，リタは祖母といっしょにメキシコのステーキであるカルネ・アサーダを作ることがわかります。それに誘われたダナも，2 番目の E メールの 5 文目で But I want to make *carne asada.* と書いています。

21年度第3回　筆記

73

| 筆 記 | **4C** | 問題編 P64〜65 |

全 訳

冬の楽しみ

マイケルはアメリカ合衆国のペンシルベニアに住んでいます。彼は春が好きですが，夏が彼の大好きな季節です。秋には，マイケルは悲しい気持ちになり始めます。天候は寒くなり，日は短いです。冬には，彼はたいてい家にいて，テレビゲームをします。

昨年の12月，マイケルはバーモントにいるいとこのジャックをたずねました。ある日，ジャックはマイケルをスキー場へ連れていきました。マイケルは初めてスノーボードをやってみました。最初は，彼は何度も転びました。4時間ほど経つと，マイケルは上達しました。彼はそれがとても楽しかったので，ジャックとマイケルは翌日もまたスノーボードをしに行きました。

マイケルは帰宅したとき，両親にそのことについて話しました。彼の父親は，「この近くにスキー場があるよ。車で1時間だよ」と言いました。マイケルの母親は彼にスノーボードを買ってあげました。彼女はまた，その冬に彼をスキー場へ3回連れていきました。春が来たときマイケルはうれしい気持ちでしたが，新しい趣味が気に入っているので，今では冬も楽しみにしています。

(31) 解答 3

質問の訳 「マイケルはいつ，悲しい気持ちになり始めますか」

選択肢の訳 1 春に。　　2 夏に。　　3 秋に。　　4 冬に。

解 説 〈begin to＋動詞の原形〉は「〜し始める」，feel sad は「悲しい気持ちになる」という意味です。マイケルがいつ悲しい気持ちになり始めるかは，第1段落の3文目に In fall, Michael starts to feel sad. と書かれています。

(32) 解答 3

質問の訳 「マイケルは昨年の12月に何をしましたか」

選択肢の訳 1 彼は新しいテレビゲームを手に入れた。

2 彼は毎日家にいた。

3 彼はいとこをたずねた。

4 彼はバーモントへ引っ越した。

解説 last December「昨年の12月」にマイケルが何をしたかは，第2段落の1文目に Last December, Michael visited his cousin Jack in Vermont. と書かれています。これを短く表現している **3** が正解です。cousin は「いとこ」という意味です。

(33) 解答 ①

質問の訳 「マイケルとジャックは何回いっしょにスノーボードをしに行きましたか」

選択肢の訳 **1** 2回。　　**2** 3回。　　**3** 4回。　　**4** 5回。

解説 How many times「何回」は回数をたずねる表現です。第2段落の2～3文目 One day, Jack took Michael to a ski resort. Michael tried snowboarding for the first time. と，6文目後半の …, so Jack and Michael went snowboarding again the next day. から，2人は合計2回いっしょにスノーボードをしに行ったことがわかります。

(34) 解答 ③

質問の訳 「マイケルの父親はマイケルに何と言いましたか」

選択肢の訳 **1** 彼は車でマイケルをスキー場に送っていく。

2 彼はマイケルにスノーボードを買ってあげる。

3 彼らの家の近くにスキー場がある。

4 彼らの家の近くに新しいスキー用品店がある。

解説 マイケルの父親がマイケルに言ったことは，第3段落の2文目に His father said, "There's a ski resort near here. It's …" と書かれています。There's は There is「～がある」の短縮形です。near here「この近くに」が，正解の **3** では near their house に置きかえられています。

(35) 解答 ①

質問の訳 「マイケルはなぜ，今では冬を楽しみにしていますか」

75

選択肢の訳
1 彼には新しい趣味がある。
2 彼には長い冬休みがある。
3 ジャックが毎年彼をたずねてくる。
4 彼の母親の誕生日が冬にある。

解説
look forward to ～ は「～を楽しみにする[待つ]」という意味です。第3段落の最後に，…, but now he also looks forward to winter に続けて，その理由が because he likes his new hobby と説明されています。his new hobby「彼の新しい趣味」はスノーボードをすることです。

リスニング 第部　問題編 P66～68　

[例題] 解答 ③

放送文
★：Hi, my name is Yuta.
☆：Hi, I'm Kate.
★：Do you live near here?
　　1　I'll be there.　　　　2　That's it.
　　3　Yes, I do.

放送文の訳
★：「やあ，ぼくの名前はユウタだよ」
☆：「こんにちは，私はケイトよ」
★：「君はこの近くに住んでいるの？」
　　1　私はそこへ行くわ。　　2　それだけよ。
　　3　ええ，そうよ。

No.1 解答 ②

放送文
★：I can't find my blue pen.
☆：Is this it?
★：Yes. Where was it?
　　1　Go straight.　　　　2　In the meeting room.
　　3　It's four dollars.

放送文の訳 ★：「ぼくの青いペンが見つからないんだ」

☆:「これのこと？」

★:「そう。それはどこにあったの？」

　　1　まっすぐ行って。　　　　**2**　会議室によ。

　　3　4ドルよ。

解説　Where was it? の Where は「どこに」という意味で，it は男性が探している my blue pen を指しています。男性は場所をたずねているので，In the meeting room.「会議室に」と答えている **2** が正解です。

No.2　解答 **2**

放送文　★:Can I have a snack, Mom?

　　☆:Have an apple.

　　★:But I want some cake.

　　　　1　Vanilla, please.　　　　**2**　Not now.

　　　　3　He's seven years old.

放送文の訳　★:「おやつを食べていいかな，お母さん？」

　　☆:「リンゴを食べなさい」

　　★:「でも，ぼくはケーキがほしいんだ」

　　　　1　バニラをお願いします。　　　　**2**　今はだめよ。

　　　　3　彼は7歳よ。

解説　母親から Have an apple. と言われた男の子は，But I want some cake.「でも，ぼくはケーキがほしい」と答えています。これに応答する発話になっているのは **2** の Not now. で，「今ではない」→「今はケーキを食べてはだめ」ということです。

No.3　解答 **3**

放送文　★:What do you want for your birthday?

　　☆:I really want a turtle.

　　★:What kind?

　　　　1　In the box.　　　　**2**　About six.

　　　　3　A small one.

放送文の訳　★:「誕生日には何がほしい？」

　　☆:「カメがとてもほしいの」

21年度第3回　リスニング

77

★：「どんな種類？」

1 箱の中によ。　　　　　　**2** 6時頃よ。

3 小さいカメよ。

解説 男性の What kind? は，女の子の I really want a turtle. を受けた質問で，What kind of turtle do you want?「どんな種類のカメがほしいの？」ということです。この質問に応答しているのは **3** の A small one. です。この one は前に出てきたものを指す代名詞で，ここでは turtle を指しています。

No.4　解答 ❷

放送文 ☆：I went hiking last weekend.

★：That's nice.

☆：What did you do?

1 I found it.　　　　　**2** I visited my grandparents.

3 I came by bike.

放送文の訳 ☆：「先週末にハイキングに行ったの」

★：「それはいいね」

☆：「あなたは何をしたの？」

1 それを見つけたよ。　　**2** ぼくの祖父母をたずねたよ。

3 自転車で来たよ。

解説 last weekend「先週末に」何をしたかが話題になっています。女の子の What did you do? は，男の子が先週末にしたことをたずねる質問で，visited my grandparents「ぼくの祖父母をたずねた」と，したことを説明している **2** が正解です。

No.5　解答 ❸

放送文 ☆：Dad, there's a baseball game at the stadium tomorrow.

★：Do you want to go together?

☆：Yes, please.

1 I'll practice with you.

2 I'll give you some pictures.

3 I'll buy some tickets today.

放送文の訳 ☆：「お父さん，明日スタジアムで野球の試合があるの」

★：「いっしょに行きたいかい？」

☆：「ええ，お願い」

1 君といっしょに練習するよ。

2 君に何枚かの写真をあげるよ。

3 今日，チケットを買うよ。

解説 父親の Do you want to go together? は，a baseball game「野球の試合」に自分といっしょに行きたいかをたずねる質問で，娘は Yes, please. と答えています。これにつながる発話は，buy some tickets「何枚かチケットを買う」と言っている **3** です。

No.6　解答 ①

放送文 ★：Excuse me.

☆：How can I help you?

★：Do you have apple juice?

　　　1 Sorry, we only have orange juice.

　　　2 No, I just ate one.

　　　3 Thanks a lot for coming.

放送文の訳 ★：「すみません」

☆：「いらっしゃいませ」

★：「リンゴジュースはありますか」

　　　1 すみません，オレンジジュースしかありません。

　　　2 いいえ，私は 1 つ食べたところです。

　　　3 来てくださり，どうもありがとうございます。

解説 男性客と女性店員との会話です。男性客の Do you have apple juice?「リンゴジュースはありますか」という質問の答えになっているのは **1** で，we only have ～「（うちの店には）～しかない」という形を使って，オレンジジュースしかない（＝リンゴジュースはない）ことを伝えています。

No.7　解答 ①

放送文 ★：The movie starts at three.

☆：What time is it now?

★：It's 2:45.

21年度第3回　リスニング

79

1 Let's hurry!

2 A comedy movie.

3 An hour ago.

放送文の訳 ★：「映画は 3 時に始まるよ」

☆：「今，何時？」

★：「2 時 45 分だよ」

1 急ぎましょう！

2 コメディー映画よ。

3 1 時間前によ。

解説 The movie starts at three. から映画が始まるのは 3 時，It's 2:45. から現在 2 時 45 分であることがわかります。映画が始まるまで 15 分という状況なので，**1** の Let's hurry!「急ぎましょう！」が正解です。〈Let's ＋ 動詞の原形〉は「～しましょう」という意味です。

No.8 解答 ③

放送文 ☆：I'll go to France this summer.

★：That sounds fun.

☆：Will you go somewhere?

1 I have a map of France.

2 It was a good vacation.

3 I want to travel to Brazil.

放送文の訳 ☆：「私はこの夏にフランスへ行くの」

★：「それは楽しそうだね」

☆：「あなたはどこかへ行くの？」

1 フランスの地図を持っているよ。

2 いい休暇だったよ。

3 ブラジルへ旅行に行きたいんだ。

解説 女性の Will you go somewhere? の somewhere は「どこかへ」という意味で，男性がこの夏にどこかへ行くかをたずねています。Brazil「ブラジル」と行き先を言っている **3** が正解で，want to travel to ～ は「～へ旅行に行きたい」という意味です。**2** は過去のことを述べているので不正解です。

80

No. 9　解答 ②

放送文　★：You look sad, Jane.

☆：I am.

★：What's wrong?

   1　I like history class.

   2　I lost my science textbook.

   3　I have another pen.

放送文の訳　★：「悲しそうだね，ジェーン」

☆：「悲しいわ」

★：「どうしたの？」

   1　歴史の授業が好きよ。

   2　理科の教科書をなくしちゃったの。

   3　もう１本ペンを持っているわ。

解説　女の子の I am. は I am sad.「(実際に) 悲しい」ということです。What's wrong? は困った様子の相手に「どうしたの？」とたずねる表現です。lose「～をなくす」の過去形 lost を使って，my science textbook「私の理科の教科書」をなくしたと説明している **2** が正解です。

No. 10　解答 ①

放送文　☆：What are your favorite subjects?

★：I love English and art.

☆：Do you like math?

   1　No, it's too difficult.

   2　Yes, next week.

   3　OK, you can use mine.

放送文の訳　☆：「あなたの好きな教科は何？」

★：「英語と美術が大好きだよ」

☆：「数学は好き？」

   1　ううん，それは難しすぎるよ。

   2　うん，来週だよ。

   3　わかった，ぼくのを使っていいよ。

解説　女の子の Do you like math? は，男の子に math「数学」が好き

21年度第3回　リスニング

81

かどうかをたずねる質問です。正解の 1 では，No の後に，数学が好きではない理由を it's too difficult「それ（＝数学）は難しすぎる」と言っています。

リスニング 第2部　問題編 P68〜69

No.11 解答 ②

放送文
★：Is your new classmate from Canada?
☆：No, she's from Australia.
★：Didn't you go there last year?
☆：No, I went to New Zealand.
　　Question: Where is the new student from?

放送文の訳
★：「君の新しいクラスメートはカナダ出身なの？」
☆：「ううん，彼女はオーストラリア出身よ」
★：「君は去年そこへ行かなかった？」
☆：「ううん，ニュージーランドへ行ったわ」

質問の訳　「新しい生徒はどこの出身ですか」

選択肢の訳
1　ニュージーランド。　　2　オーストラリア。
3　イングランド。　　　　4　カナダ。

解説　Where is 〜 from? は「〜はどこの出身ですか」という意味です。男の子の Is your new classmate from Canada? に対して，女の子は No と答えているので，4 を選ばないように注意します。この後の she's from Australia から，2 が正解です。

No.12 解答 ④

放送文
★：Do you want a cup of tea, Grandma?
☆：No, thanks.
★：How about a coffee?
☆：I'll just have some water, thanks.
　　Question: What does the boy's grandmother want to drink?

放送文の訳 ★：「紅茶を1杯ほしい，おばあちゃん？」

☆：「ううん，大丈夫よ」

★：「コーヒーはどう？」

☆：「水を飲むだけにするわ，ありがとう」

質問の訳 「男の子の祖母は何を飲みたいですか」

選択肢の訳 1 牛乳。　2 紅茶。　3 コーヒー。　4 水。

解説 男の子の Do you want a cup of tea, Grandma? に対して祖母は No と答えているので，2 は不正解です。その後の How about a coffee? には Yes / No で答えていませんが，I'll just have some water, thanks. から，コーヒーではなく水を飲むことがわかります。

No.13 解答 ③

放送文 ☆：How was your weekend, Scott?

★：Saturday was good, but I had a headache last night.

☆：Do you feel better this morning?

★：Yes, thanks.

Question: When did Scott have a headache?

放送文の訳 ☆：「週末はどうだった，スコット？」

★：「土曜日はよかったけど，昨夜は頭痛がしたんだ」

☆：「今朝はよくなったの？」

★：「うん，ありがとう」

質問の訳 「スコットはいつ頭痛がしましたか」

選択肢の訳 1 土曜日の午後に。　2 昨日の朝に。

3 昨夜に。　4 今朝に。

解説 had は have の過去形で，have a headache は「頭痛がする」という意味です。週末はどうだったかをたずねられたスコットは，Saturday was good「土曜日はよかった」に続けて，but I had a headache last night「でも昨夜は頭痛がした」と言っています。

No.14 解答 ④

放送文 ☆：The test will begin at one thirty.

★：How long will it take, Mrs. Peterson?

21年度第3回　リスニング

83

☆：About 50 minutes.

★：Thank you.

Question: How long will the test take?

放送文の訳 ☆：「テストは1時30分に始まります」

★：「どれくらいの時間がかかりますか，ピーターソン先生？」

☆：「約50分です」

★：「ありがとうございます」

質問の訳 「テストはどれくらいの時間がかかりますか」

選択肢の訳 **1** 約5分。　**2** 約15分。　**3** 約30分。　**4** 約50分。

解説 How long ～?「どれくらいの時間～?」は時間の長さをたずねる表現です。男の子のHow long will it take, Mrs. Peterson?「それ（＝テスト）はどれくらいの時間がかかりますか」に対して，ピーターソン先生はAbout 50 minutes.と答えています。50はfiftyと読みます。15（fifteen）としっかり区別しましょう。

No.15 解答 **1**

放送文 ★：Did you enjoy your homestay with us?

☆：Of course. Thank you so much.

★：Send us an e-mail when you get back home.

☆：I will.

Question: What did the girl enjoy?

放送文の訳 ★：「私たちとのホームステイは楽しかったかい？」

☆：「もちろんです。どうもありがとうございます」

★：「家に着いたら私たちにEメールを送ってね」

☆：「そうします」

質問の訳 「女の子は何を楽しみましたか」

選択肢の訳 **1** ホームステイ。　　　　**2** コンピュータークラブ。
3 Eメールを読むこと。　**4** 姉[妹]と話すこと。

解説 Did you enjoy your homestay with us? という質問に，女の子はOf course.「もちろん」と答えています。このやり取りから，女の子はhomestay「ホームステイ」を楽しんだことがわかります。〈send＋（人）＋（物）〉は「（人）に（物）を送る」という意味です。

84

No. 16 解答 ③

放送文 ★：Will you make dinner tonight?

☆：Yes, I'll make a pizza.

★：Great. I'll go shopping and wash the dishes after dinner.

☆：Thanks.

Question: What is the woman going to do tonight?

放送文の訳 ★：「今夜，夕食を作ってくれる？」

☆：「ええ，ピザを作るわ」

★：「いいね。ぼくは買い物に行って，夕食後に皿を洗うよ」

☆：「ありがとう」

質問の訳 「女性は今夜，何をしますか」

選択肢の訳
1　買い物に行く。　　　　　2　ピザのレストランへ行く。
3　夕食を作る。　　　　　　4　皿を洗う。

解説 Will you 〜? は「〜してくれませんか」と相手に依頼する表現です。男性の Will you make dinner tonight? に対して女性は Yes, I'll make a pizza. と答えているので，3 が正解です。1 の Go shopping. と 4 の Wash the dishes. は男性がすることです。

No. 17 解答 ①

放送文 ★：Where were you yesterday?

☆：I went to the doctor. What did you do in English class?

★：We sang some songs.

☆：That sounds fun.

Question: What did the girl do yesterday?

放送文の訳 ★：「昨日はどこにいたの？」

☆：「医者へ行ったわ。英語の授業では何をしたの？」

★：「何曲か歌を歌ったよ」

☆：「それはおもしろそうね」

質問の訳 「女の子は昨日，何をしましたか」

選択肢の訳
1　彼女は医者へ行った。
2　彼女は学校へ行った。
3　彼女は歌のレッスンを受けた。
4　彼女はラジオを聞いた。

21年度第3回　リスニング

85

解説 　男の子の Where were you yesterday? は相手が昨日どこにいたかをたずねる質問ですが，これに対して女の子は I went to the doctor. と答えています。went は go の過去形で，go to the doctor は「医者へ行く，医者に診てもらう」という意味です。

No. 18 解答 ②

放送文 ☆ : Do you have your smartphone?

★ : Yes, Mom, but I can't find my wallet.

☆ : Is it in your bag?

★ : No, I just looked there.

Question: What is the boy looking for?

放送文の訳 ☆ :「スマートフォンは持っている？」

★ :「うん，お母さん，でも財布が見つからないんだ」

☆ :「かばんの中にはある？」

★ :「ううん，そこは見たばかりだよ」

質問の訳 「男の子は何を探していますか」

選択肢の訳 **1** 彼のかばん。 　　　　　　　**2** 彼の財布。

3 彼の電話。 　　　　　　　**4** 彼の筆箱。

解説 　質問では look for ～「～を探す」が現在進行形で使われています。男の子の …, but I can't find my wallet「…，でも財布が見つからない」から，**2** が正解です。対話に出てくる your smartphone や your bag から **3** や **1** を選ばないように注意しましょう。

No. 19 解答 ③

放送文 ☆ : Welcome to Nice Spice Curry. What would you like?

★ : Chicken curry, rice, and a tomato salad, please.

☆ : That's $30. It'll be ready in 20 minutes.

★ : Thanks.

Question: When will the man's food be ready?

放送文の訳 ☆ :「ナイス・スパイス・カレーへようこそ。何にいたしますか」

★ :「チキンカレー，ライス，それとトマトサラダをお願いします」

☆ :「30 ドルになります。20 分でご用意できます」

★ :「ありがとうございます」

質問の訳	「男性の食べ物はいつ用意できますか」
選択肢の訳	**1** ２分後に。 **2** 10分後に。 **3** 20分後に。 **4** 30分後に。
解　説	be ready は「用意ができる」という意味です。店で男性が注文をした後，店員は That's $30. に続けて，It'll be ready in 20 minutes. と言っています。It は男性が注文した食べ物，in ～ minutes は「～分後に」という意味です。

No. 20 解答 ①

放送文
☆：Dad, I'll be home late today.

★：Do you have a club meeting?

☆：No. I'll study in the library after school.

★：OK.

Question: Why will the girl be home late today?

放送文の訳
☆：「お父さん，今日は帰りが遅くなるわ」

★：「クラブのミーティングがあるの？」

☆：「ううん。放課後に図書館で勉強するの」

★：「わかった」

質問の訳	「女の子は今日，なぜ帰宅が遅くなりますか」
選択肢の訳	**1** 彼女は図書館で勉強する。
	2 彼女はクラブのミーティングがある。
	3 彼女は友だちをたずねる。
	4 彼女は学校を掃除する。
解　説	父親の Do you have a club meeting? に対して女の子は No. と答えているので，**2** は不正解です。その後の I'll study in the library after school. が，女の子の帰宅が遅くなる理由です。I'll は I will の短縮形で，after school は「放課後に」という意味です。

21年度第3回　リスニング

87

| リスニング | **第3部** | 問題編 P69〜70 | 🔊 ▶MP3 ▶アプリ ▶CD 2 **23** 〜 **33** |

No. 21 解答 ②

放送文　I always buy a sandwich for lunch. I usually get a roast beef or cheese sandwich, but today I got a chicken one. It was good.

Question: What kind of sandwich did the man buy today?

放送文の訳　「私はいつも昼食にサンドイッチを買います。普段はローストビーフかチーズのサンドイッチを買いますが，今日はチキンのサンドイッチを買いました。それはおいしかったです」

質問の訳　「男性は今日，どんな種類のサンドイッチを買いましたか」

選択肢の訳　**1**　チーズ。　　　　　　　　　**2**　チキン。
3　ローストビーフ。　　　　　**4**　魚。

解説　2文目の I usually get 〜, but today I got … 「普段は〜を買うが，今日は…を買った」という流れに注意します。but 以降の today I got a chicken one から，**2** が正解です。one は前に出てきた名詞を指す代名詞で，ここでは sandwich のかわりに使われています。**1** の Cheese. や **3** の Roast beef. は，男性が普段買うサンドイッチです。

No. 22 解答 ④

放送文　Rosewood Funland will close at 10:30 tonight. Restaurants are open until 10:00, and you can ride the Super Roller Coaster until 9:30. Have a fun evening.

Question: What time does Rosewood Funland close today?

放送文の訳　「ローズウッド・ファンランドは今夜は10時30分に閉園します。レストランは10時まで営業し，スーパーローラーコースターは9時30分まで乗ることができます。楽しい夜をお過ごしください」

質問の訳　「ローズウッド・ファンランドは今日何時に閉園しますか」

選択肢の訳　**1**　9時に。　　　　　　　　　**2**　9時30分に。

88

3 10時に。　　　　　　　**4** **10時30分に。**

解説 最初の Rosewood Funland will close at 10:30 tonight. から，ローズウッド・ファンランドの今夜の閉園時間は 10:30（＝ten thirty）だとわかります。until 10:00 はレストランの営業時間，until 9:30 はスーパーローラーコースターに乗れる時間です。

No. 23 解答 **3**

放送文 I forgot to bring my friend's comic book to school today. He was a little angry. I'll remember to bring it tomorrow.

Question: What did the girl forget?

放送文の訳 「私は今日，友だちのまんが本を学校へ持っていくのを忘れました。彼は少し怒っていました。明日は忘れずにそれを持っていきます」

質問の訳 「女の子は何を忘れましたか」

選択肢の訳 **1** 彼女の昼食。　　　　　　**2** 彼女の教科書。
3 彼女の友だちのまんが本。　**4** 彼女の友だちのかさ。

解説 1文目の I forgot to bring my friend's comic book to school today. に正解が含まれています。forgot は forget の過去形で，〈forget to＋動詞の原形〉は「～するのを忘れる」という意味です。3文目の〈remember to＋動詞の原形〉は「忘れずに～する」という意味です。

No. 24 解答 **3**

放送文 Asami will go to Europe. She will spend five days in London and then go to Paris. She'll stay there for three days.

Question: How many days will Asami be in London?

放送文の訳 「アサミはヨーロッパへ行きます。彼女はロンドンで5日間過ごし，それからパリへ行きます。彼女はそこに3日間滞在します」

質問の訳 「アサミはロンドンに何日間いますか」

選択肢の訳 **1** 3日間。　**2** 4日間。　**3** 5日間。　**4** 6日間。

解説 How many days ～? は「何日間～?」という意味で，アサミがロンドンにいる日数をたずねています。She will spend five days in London から，**3**が正解です。この spend は「(時)を

21年度第3回 リスニング

89

過ごす」という意味です。パリに滞在する three days と混同しないようにしましょう。

No. 25 解答 ①

放送文
There was a parade in town yesterday. My parents took me, but there were too many people. I couldn't see anything.

Question: What was the boy's problem?

放送文の訳
「昨日，町でパレードがありました。両親はぼくを連れていってくれましたが，人が多すぎました。ぼくは何も見ることができませんでした」

質問の訳
「男の子の問題は何でしたか」

選択肢の訳
1 彼はパレードを見ることができなかった。
2 彼の両親は忙しかった。
3 彼は目が痛かった。
4 彼はバスに乗り遅れた。

解説
男の子は両親に parade「パレード」に連れていってもらいましたが，I couldn't see anything.「何も見ることができなかった」と言っています。つまり，パレードを見られなかったことが男の子の problem「問題」です。その理由は，前の文にある there were too many people「あまりに多くの人がいた[人が多すぎた]」です。

No. 26 解答 ④

放送文
This morning, I went to a museum with my friends. In the afternoon, we ate lunch in the park and played soccer.

Question: Where did the boy go this morning?

放送文の訳
「今朝，ぼくは友だちと博物館へ行きました。午後に，ぼくたちは公園で昼食を食べて，サッカーをしました」

質問の訳
「男の子は今朝どこへ行きましたか」

選択肢の訳
1 レストランへ。　　　　　2 公園へ。
3 サッカー場へ。　　　　　4 博物館へ。

解説
質問では，男の子が this morning「今朝」行った場所をたずねて

90

います。1文目の This morning, I went to a museum with my friends. から，a museum「博物館」に行ったことがわかります。2の a park「公園」は，午後に昼食を食べた場所です。

No. 27 解答 ②

放送文　Sam loves sports.　He plays tennis with his sister every Saturday.　He also often plays basketball with his classmates or his brother.

Question: Who does Sam play tennis with?

放送文の訳　「サムはスポーツが大好きです。彼は毎週土曜日に，姉[妹]といっしょにテニスをします。彼はよく，クラスメートか兄[弟]といっしょにバスケットボールもします」

質問の訳　「サムはだれといっしょにテニスをしますか」

選択肢の訳
1　彼の兄[弟]。　　　　　　　2　彼の姉[妹]。
3　彼の先生。　　　　　　　　4　彼のクラスメート。

解説　2文目の He plays tennis with his sister every Saturday. から，サムは姉[妹]とテニスをすることがわかります。いっしょにバスケットボールをする his classmates や his brother と混同しないように注意しましょう。

No. 28 解答 ①

放送文　Amy gets up at six every Monday and goes jogging. From Tuesday to Saturday, she gets up at seven.　On Sundays, she stays in bed until nine.

Question: When does Amy get up at six?

放送文の訳　「エイミーは毎週月曜日，6時に起きて，ジョギングをしに行きます。火曜日から土曜日までは，彼女は7時に起きます。毎週日曜日は，9時までベッドにいます」

質問の訳　「エイミーはいつ6時に起きますか」

選択肢の訳
1　毎週月曜日に。　　　　　　2　毎週火曜日に。
3　毎週土曜日に。　　　　　　4　毎週日曜日に。

解説　get up は「起きる」，at ～ はここでは「～時に」という意味です。1文目の Amy gets up at six every Monday に正解が含まれて

21年度第3回　リスニング

91

います。every Monday「毎週月曜日に」を，正解の **1** では同じ意味の On Mondays. という表現で言いかえています。

No. 29 解答 ①

放送文
Today was really fun! I drew pictures in the park with my friends. When I got home, I played computer games.
Question: What is the boy talking about?

放送文の訳
「今日は本当に楽しかったです！　ぼくは友だちといっしょに公園で絵を描きました。家に帰ると，コンピューターゲームをしました」

質問の訳
「男の子は何について話していますか」

選択肢の訳
1 彼の楽しい1日。　　　　　　**2** 彼の大好きな画家。
3 彼の新しいコンピューター。 **4** 彼の家。

解説
放送文は Today was really fun!「今日は本当に楽しかった！」で始まり，2文目以降では男の子が今日やったことが説明されています。したがって，男の子の fun day「楽しい1日」が話題です。drew は draw「（絵など）を描く」の過去形です。

No. 30 解答 ④

放送文
I just finished high school. I like children, so I want to become a teacher. Maybe I can teach English.
Question: What does the woman want to do?

放送文の訳
「私は高校を卒業したばかりです。私は子どもが好きなので，先生になりたいと思っています。たぶん私は英語を教えることができます」

質問の訳
「女性は何をしたいと思っていますか」

選択肢の訳
1 イングランドに住む。　　　　**2** 高校を卒業する。
3 病院で働く。　　　　　　　　**4** 先生になる。

解説
2文目では I like children に続けて，so I want to become a teacher「だから（＝子どもが好きだから）私は先生になりたい」と女性がしたいことが説明されています。1文目の I just finished high school. を聞いて **2** を選ばないように注意しましょう。finish はここでは「（学校）を卒業する」という意味です。

2021-2

筆記解答・解説 P94〜105

リスニング解答・解説 P106〜122

解答一覧

筆記

1

(1)	1	(6)	1	(11)	2
(2)	2	(7)	3	(12)	4
(3)	1	(8)	4	(13)	3
(4)	4	(9)	1	(14)	2
(5)	3	(10)	1	(15)	1

2

(16)	2	(18)	2	(20)	1
(17)	2	(19)	4		

3

(21)	4	(23)	3	(25)	3
(22)	3	(24)	1		

4 A

(26)	3
(27)	2

4 B

(28)	3
(29)	2
(30)	1

4 C

(31)	1	(33)	2	(35)	4
(32)	2	(34)	3		

リスニング

第1部

No. 1	1	No. 5	2	No. 9	1
No. 2	2	No. 6	1	No.10	2
No. 3	3	No. 7	2		
No. 4	2	No. 8	1		

第2部

No.11	1	No.15	1	No.19	1
No.12	4	No.16	1	No.20	2
No.13	2	No.17	3		
No.14	3	No.18	3		

第3部

No.21	3	No.25	1	No.29	1
No.22	3	No.26	1	No.30	1
No.23	4	No.27	4		
No.24	1	No.28	2		

筆記 **1** | 問題編 P72〜73

(1) 解答 **1**

訳 「私はこの単語を知りません。辞書が必要です」

1 辞書　　**2** いす　　**3** 机　　**4** 切手

解説 need は「〜を必要とする」という意味です。this word「この単語」を知らないという状況から，必要になるのは dictionary「辞書」だとわかります。

(2) 解答 **2**

訳 「その映画は 8 時に始まりましたが，私は 8 時 20 分まで映画館に着きませんでした」

1 会った　　**2** 始まった　　**3** 招待した　　**4** 見た

解説 空所に入る動詞の主語 The movie「その映画は」と空所の後の at 8:00「8 時に」とのつながりから，begin「始まる」の過去形 began が正解です。**1**，**3**，**4** はそれぞれ meet, invite, see の過去形です。

(3) 解答 **1**

訳 A「あの男性を見て。彼は有名な力士よ」

B「うわー！　彼は大きいね！」

1 有名な　　**2** かわいた　　**3** 左の　　**4** 長い

解説 2 人が sumo wrestler「力士」を見かけた場面です。どの選択肢が sumo wrestler を説明する語として適切かを考えて，famous「有名な」を選びます。

(4) 解答 **4**

訳 A「お母さん，浴室に石けんがないよ。ぼくはシャワーを浴びる必要があるんだ」

B「わかったわ。取って来るわね」

1 店　　**2** 停止　　**3** 船　　**4** 石けん

解説 there's 〜 は there is 〜「〜がある」の短縮形で，there's no 〜

94

は「～がまったくない」という意味です。A は need to take a shower「シャワーを浴びる必要がある」と言っているので，bathroom「浴室」にないと考えられるのは soap「石けん」です。

(5) 解答 3

訳 A「あなたはひまなときには何をするの，ベン？」
B「音楽を聞くよ」

1 よい	2 高い	3 ひまな	4 短い

解説 空所の前後にある in your と time とのつながりから，free「ひまな」を選びます。in *one's* free time「（人の）ひまなときに」の形で覚えておきましょう。listen to ～ は「～を聞く」という意味です。

(6) 解答 1

訳 A「先週末の釣り旅行はどうだった，ジョン？ 何匹か魚をつかまえた？」
B「うん！ 5匹の大きいのを」

1 つかまえる	2 到着する	3 閉める	4 考える

解説 ジョンが last weekend「先週末」に行った fishing trip「釣り旅行」が話題です。空所の後に any fish「何匹かの魚」があるので，catch「～をつかまえる」が正解です。fish はふつう複数形も fish で，ones は複数形の fish のかわりに使われています。

(7) 解答 3

訳 「昨日は天気がよかったので，私たちは動物園へ行きました」

1 電話	2 希望	3 天気	4 飛行機

解説 ～, so … は「～，だから…」という意味で，The （ ） was nice yesterday が we went to the zoo の理由になっています。昨日は weather「天気」が nice「よい，すばらしい」だったので，zoo「動物園」へ行ったということです。

(8) 解答 4

訳 「ジュディは毎週末，彼女の友だちのエミリーに電話します。彼女たちは長い間話します」

95

1 〜の上に

2 〜として

3 〜の中に

4 (for a long time で) 長い間

解説 call(s) は「〜に電話する」，every weekend は「毎週末」という意味です。空所の前には「〜の間（ずっと）」を意味する for を入れて，for a long time「長い間」とします。

(9) 解答 **1**

訳 A「私は毎日テニスを練習するんだけど，じょうずではないの」
B「あきらめちゃだめだよ。君はうまくなるよ」

1 (give up で) あきらめる　　**2** 〜の

3 〜の上に　　　　　　　　　**4** 〜の下に

解説 B の 1 文目は Don't 〜「〜してはいけません」で始まり，空所の前に give があるので，give up「あきらめる」という表現にします。A の I'm not good at it「私はそれ（＝テニス）がじょうずではない」に，B は Don't give up. と励ましている場面です。

(10) 解答 **1**

訳 「ナツヨは昨年スペインで，ホストファミリーの家に滞在しました」

1 (stayed with 〜 で) 〜の家に滞在した

2 〜の中へ

3 〜から

4 〜を通って

解説 stayed は stay「滞在する」の過去形で，stay with 〜 で「〜の家に滞在する，泊まる」という表現になります。

(11) 解答 **2**

訳 「リサは彼女の父親が病気なので，故郷へ戻らなくてはなりません」

1 元気で　　　　　　**2** (go back to 〜 で) 〜へ戻る

3 小さい　　　　　　**4** 長い

解説 空所の前後にある go と to につながるのは back で，go back to 〜 で「〜へ戻る」という表現になります。must は「〜しなければならない」という意味で，リサが hometown「生まれ故郷」に

戻らなければならない理由が her father is sick「彼女の父親が病気である」です。

(12) 解答 **4**

訳 A「この前の日曜日に買い物に行ったの，ジュディ？」
B「ううん。家で，テレビでサッカーの試合を見たわ」
1 上へ　　　　　　　　　　　2 下へ
3 ～の上に　　　　　　　　　**4（at home で）家で**

解説 空所の後にある home とのつながりを考えて，at home「家で」という表現にします。watched は watch「～を見る」の過去形で，watch ～ on TV は「テレビで～を見る」という意味です。

(13) 解答 **3**

訳 「先月，タロウの祖母は，タロウとタロウの姉[妹]をディズニーランドへ連れて行きました」

解説 〈take＋（人）＋to＋（場所）〉で「（人）を（場所）へ連れて行く」という意味になります。ここでは過去についての文なので，take の過去形 took が正解です。2 の takes は，主語が3人称単数のときの現在形です。

(14) 解答 **2**

訳 A「君はどうやってパーティーに着いたの？」
B「父が私を車で連れて来てくれたわ」
1 私は　　　2 私を　　　3 私の　　　4 私のもの

解説 空所の前にある brought は bring「～を連れて来る」の過去形です。空所には brought の目的語（「～を」にあたる語）が入るので，目的格の me「私を」が正解です。4 の mine は「私のもの」という意味です。

(15) 解答 **1**

訳 「先生が教室に入ってきたとき，生徒たちは話すのをやめました」

解説 stopped は stop の過去形で，〈stop＋動詞の～ing 形〉で「～することをやめる」という意味になります。ここでは動詞の talk「話す」を，talking「話すこと」の形にする必要があります。

筆記 2 | 問題編 P74〜75

(16) 解答 ②

訳
女の子「ジョン，昨日はどうして早く家に帰ったの？」
男の子「風邪をひいていたんだけど，もうよくなったよ」
1 ぼくは電車に乗った，　　　　2 ぼくは風邪をひいていた，
3 ぼくのバスが遅れた，　　　　4 それは残念だね，

解説
女の子は男の子に，昨日早く帰宅した理由をたずねています。その理由になっていて，空所の後の but I'm better now「でも，もうよくなったよ」とつながるのは **2** です。had a cold は「風邪をひいていた」という意味です。

(17) 解答 ②

訳
妻「コーヒーを飲む，ジム？」
夫「いや，大丈夫。コーヒーを1杯飲んだばかりなんだ」
1 どういたしまして。　　　　2 いや，大丈夫。
3 それはぼくだよ。　　　　　4 ううん，そうしなかったよ。

解説
Do you want 〜? は「〜がほしいですか，〜はどうですか」という意味で，妻が夫にコーヒーを飲むかたずねています。I just had a cup of coffee. から夫はコーヒーを飲んだばかりだとわかるので，**2** の No, thanks.「いや，大丈夫[けっこうです]」が正解です。

(18) 解答 ②

訳
男性「すみません。CBA 銀行へ行きたいのですが。それはこの近くですか？」
女性「ええ，それは次の角にありますよ」
1 あなたにお会いできてうれしいです。
2 それは次の角にあります。
3 じゃあ，そのときに。
4 今日はとても天気がいい日です。

解説
Is it near here? の it は the CBA Bank「CBA 銀行」を指していて，男性はそれがこの近くにあるかどうかをたずねています。女

98

性は Yes と答えているので，その後には，on the next corner 「次の角に」あると言っている **2** が続きます。

(19) 解答 ❹

訳　女性「フランスへの旅行はどうだった？」
男性「**とても楽しくて，そこで何人かいい人たちに出会ったよ**」
1　彼女はぼくの新しい友だちだよ，
2　それは遠すぎたよ，
3　ぼくは家にいたよ，
4　とても楽しかったよ，

解 説　女性の質問は How was ～?「～はどうでしたか」という形で，男性に your trip to France「フランスへの旅行」の感想をたずねています。感想になっていて，空所の後の and I met some nice people there とつながるのは，a lot of fun「とても楽しい」と言っている **4** です。

(20) 解答 ❶

訳　女性「あなたは理科の先生ですか」
男性「**はい，その通りです。私は教えることが大好きです**」
1　はい，その通りです。　　2　はい，毎月です。
3　私はわかりません。　　　4　私は学校に遅刻します。

解 説　女性は男性が a science teacher「理科の先生」であるかどうかをたずねています。男性は I love teaching. と言っているので，その前の発話として適切なのは that's right「その通りです」と答えている **1** です。

筆 記　**3**　│ 問題編 P76～77

---

(21) 解答 ❹

正しい語順　Jack (is looking for his bike key).
解 説　「～しています」は現在進行形〈is[am, are]＋動詞の～ing 形〉

21年度第2回　筆記

99

を使います。「〜を探す」は look for 〜 という表現なので，主語 Jack の後は is looking for 〜 となります。この後に続く「自転車の鍵」は「彼の自転車の鍵」と考えて，his bike key とします。

(22) 解答 ③

正しい語順 I (need to talk with Mrs. Patterson) after school.

解説 文頭に主語 I が出ているので，「〜しなくてはなりません」を意味する need to 〜 を続けます。「〜と話す」は talk with 〜 という表現で，この後に Mrs. Patterson を続けます。文末の after school は「放課後」という意味です。

(23) 解答 ③

正しい語順 (Eating fruit is good for) your health.

解説 eating は「〜を食べること」という名詞の働きを持つ語で，主語になる Eating fruit「果物を食べること」から始めます。この後に「良いです」の部分になる is good を続け，最後に for「〜に（とって）」を文末の your health とつなげます。

(24) 解答 ①

正しい語順 (Let's find some new members) for our club.

解説 「〜しましょう」は〈Let's ＋動詞の原形〉で表すので，Let's find とします。find「〜を見つける」の後には，目的語になる some new members「何人かの新しいメンバー」が続きます。new members の前に，日本文では表されていない some をつけることに注意しましょう。

(25) 解答 ③

正しい語順 Fred (drinks a glass of water every) morning.

解説 文頭の Fred は主語で，動詞の drinks「〜を飲む」が続きます。並べかえる語句に a glass「コップ」があることに注目して，「水を一杯」を a glass of water「コップ一杯の水」と表現します。最後に，every を文末の morning とつなげて every morning「毎朝」とします。

| 筆 記 | **4A** | 問題編 P78〜79 |

全 訳

キングズ・ピザ・プレイス
10月28日の1日限りのセール

ピザはすべて各8ドルです！
ピザを2枚お買いになると，もう1枚が無料でもらえます！
当店では10種類のさまざまなデザートを各3ドルで販売しています。
飲み物は各1ドルです。

町で最高のピザがありますので，このセールをお見逃しなく！
午前11時から午後10時まで営業しています。

(26) 解答 **3**

質問の訳 「10月28日にピザはいくらですか」

選択肢の訳 **1** 1ドル。　　**2** 3ドル。　　**3** 8ドル。　　**4** 10ドル。

解 説 How much is ～? 「～はいくらですか」は，値段をたずねる表現です。掲示は One-Day Sale on October 28「10月28日の1日限りのセール」の案内で，最初に All pizzas are $8 each! と書かれています。each は「1つにつき」という意味です。

(27) 解答 **2**

質問の訳 「人々が無料のピザをもらえるのは」

選択肢の訳
1 2種類のデザートを食べてみるとき。
2 2枚のピザを買うとき。
3 午前11時に店に来るとき。
4 ラージサイズの飲み物を買うとき。

解 説 どうすれば a free pizza「無料のピザ」がもらえるかについては，掲示の2文目に When you buy two pizzas, you'll get one more for free! と書かれています。one more は one more pizza「もう1枚のピザ」ということです。for free は「無料で」という意味です。

21年度第2回　筆記

101

| 筆 記 | **4B** | 問題編 P80～81 |

全 訳

差出人：ビリー・メイソン
受取人：サンディー・メイソン
日付：4月15日
件名：スピーチ

こんにちは，サンディーおばさん，

おばさんの助けが必要なんです。来週の火曜日，ぼくは歴史の授業でスピーチをします。金曜日にそれを書くつもりです。おばさんは書くのがじょうずですよね？　日曜日に夕食を食べにぼくたちの家に来てくれませんか。夕食後にぼくのスピーチをチェックしてくれますか。

すぐに返事をください，

ビリー

差出人：サンディー・メイソン
受取人：ビリー・メイソン
日付：4月15日
件名：日曜日

こんにちは，ビリー，

ええ，日曜日にあなたの家へ行くわ，でも早く帰らないといけないの。Eメールで私にあなたのスピーチを送ってね。土曜日の夜にそれをチェックして，日曜日の午前中にあなたに返信するわ。日曜日，デザートにキャロットケーキを持っていくわね。サリーズケーキ店でそれを買うわ。あなたのお父さんに言っておいてね。それはお父さんの大好物よ。

それじゃまたね，

サンディーおばさん

(28) 解答 ③

質問の訳　「ビリーはいつスピーチを書きますか」

102

選択肢の訳	**1** 日曜日に。 **2** 火曜日に。 **3** 金曜日に。 **4** 土曜日に。

解 説 ビリーが書いた最初のEメールの3文目に，I'll write it on Friday. とあります。it は，その前の文に書かれている history class「歴史の授業」でする a speech「スピーチ」のことです。

(29) 解答 **2**

質問の訳	「サンディーおばさんはビリーに何と言っていますか」
選択肢の訳	**1** 彼は早く夕食を食べたほうがいい。
	2 彼はEメールでスピーチを送ったほうがいい。
	3 彼は彼女の家へ来たほうがいい。
	4 彼は早く家を出発したほうがいい。

解 説 サンディーおばさんは2番目のEメールの2文目に，Please send your speech to me by e-mail. と書いています。〈send＋（物）＋to＋（人）〉は「（物）を（人）に送る」，by e-mail は「Eメールで」という意味です。

(30) 解答 **1**

質問の訳	「サンディーおばさんは日曜日に何をしますか」
選択肢の訳	**1** デザートを持って来る。 **2** ケーキを焼く。
	3 店を開く。 **4** 夕食を作る。

解 説 サンディーおばさんは2番目のEメールの4文目に，On Sunday, I'm going to bring some carrot cake for dessert. と書いています。bring は「～を持って来る」，for dessert は「デザート用に」という意味で，bring 以下の内容を短く表した**1**が正解です。

筆 記	**4C**	問題編 P82〜83

全 訳

クリスマスの劇

ピーターは中学生です。彼は英語で話を書くことがとても得意です。3カ月前に，彼は英語の授業でスピーチをしました。彼は緊張していたので，うまく話すことができませんでした。授業の後，彼は悲しかったです。

21年度第2回 筆記

103

ある日，英語の先生が，「クリスマスに学校劇をします。全員に役があります」と言いました。ピーターは心配しました。彼は先生に，「スミス先生，ぼくは劇に出たくありません」と話しました。スミス先生は，「心配はいらないよ。明日，役を選ぶよ。君にはちょっとした役をあげるよ」と言いました。

翌日，生徒たちは練習し始めました。ピーターはちょっとした役をもらいました。彼は約1カ月の間，週に2回友だちといっしょに練習しました。彼は練習を楽しみました。

5週間後，英語のクラスは上演しました。ピーターはわくわくしました。多くの人が彼を見ていましたが，彼は楽しみました。彼の母親は，「ピーター，よくやったわ」と言いました。ピーターはうれしかったです。来年，彼はもっと大きな役がほしいと思っています。

(31) 解答 ①

質問の訳 「ピーターはなぜスピーチの間うまく話せなかったのですか」

選択肢の訳
1 彼は緊張していた。
2 彼は英語が得意ではなかった。
3 彼は練習しなかった。
4 彼は書くことが好きではない。

解説 ピーターがスピーチでうまく話せなかった理由については，第1段落の4文目に He was nervous, so he couldn't speak well. と書かれています。〜, so ...「〜（原因・理由），だから…（結果）」という流れに注目しましょう。nervous は「緊張して」という意味です。

(32) 解答 ②

質問の訳 「スミス先生はピーターに何と言いましたか」

選択肢の訳
1 全員が自分の役を選ぶ。
2 彼はピーターにちょっとした役を選ぶ。
3 ピーターには大きな役がある。
4 すべての役がちょっとしたものだ。

解説 スミス先生がピーターに言ったことは，第2段落の Mr. Smith

104

said, … の部分に書かれています。I'll give you a small part.
「君にちょっとした役を与える」から，**2** が正解です。正解では，
give のかわりに choose「～を選ぶ」が使われています。

(33) 解答 ②

質問の訳 「ピーターはどれくらいの頻度で練習しましたか」

選択肢の訳 **1** 週に1回。 **2** 週に2回。 **3** 週に4回。 **4** 月に3回。

解 説 How often ～ は「どれくらいの頻度で～」，practice は「練習す
る」という意味です。第3段落の3文目に，He practiced with
his friends two times a week と書かれています。正解の **2** で
は，two times「2回」のかわりに同じ意味の twice が使われて
います。a week は「1週間につき」という意味です。

(34) 解答 ③

質問の訳 「劇の後，ピーターはどのように感じましたか」

選択肢の訳 **1** 疲れた。 **2** 悲しい。 **3** うれしい。 **4** 眠い。

解 説 英語のクラスが劇を上演したこととその後のことについては，第4
段落に書かれています。その5文目に Peter was happy. とある
ので，**3** が正解です。

(35) 解答 ④

質問の訳 「来年，ピーターは」

選択肢の訳
1 自分のクラスのために劇を書く。
2 劇の後に自分のスピーチをしたい。
3 母親といっしょに劇のために練習をする。
4 劇でもっと大きな役をやりたい。

解 説 Next year「来年」についての文です。第4段落の6文目に，
Next year, he wants a bigger part. と書かれています。bigger
は big の比較級で，bigger part は「（今年と比べて）より大きな
役」ということです。

21年度第2回　筆記

105

リスニング	第**1**部	問題編 P84〜86	🔊	▶MP3 ▶アプリ ▶CD 2 **34**〜**44**

[例題] 解答 **3**

放送文
★：Hi, my name is Yuta.

☆：Hi, I'm Kate.

★：Do you live near here?
  1 I'll be there.　　　**2** That's it.
  3 Yes, I do.

放送文の訳
★：「やあ，ぼくの名前はユウタだよ」

☆：「こんにちは，私はケイトよ」

★：「君はこの近くに住んでいるの？」
  1 私はそこへ行くわ。　　　**2** それだけよ。
  3 ええ，そうよ。

No.**1** 解答 **1**

放送文
★：I'm hungry.

☆：But you just ate dinner.

★：Can I have some dessert?
  1 You can have some fruit.
  2 You can go to dinner now.
  3 You can watch it.

放送文の訳
★：「おなかがすいたよ」

☆：「でもあなたは夕食を食べたばかりよ」

★：「デザートを食べてもいい？」
  1 くだものを食べていいわよ。
  2 もう夕食に行っていいわよ。
  3 それを見ていいわよ。

解説
Can I 〜?「〜してもいいですか」は許可を求める表現で，男の子は dessert「デザート」を食べてもいいかたずねています。これに対して，fruit「くだもの」を食べていいと答えている **1** が正解です。ate は eat「〜を食べる」の過去形です。

106

No. 2　解答 ②

放送文　☆ : Take out your textbook, Ted.

★ : I don't have it, Ms. Brown.

☆ : Why not?

1 I like English best.

2 I forgot it.

3 I'll take the blue one.

放送文の訳　☆ :「教科書を出して，テッド」

★ :「それを持っていないんです，ブラウン先生」

☆ :「どうして持ってないの？」

1 ぼくは英語がいちばん好きです。

2 ぼくはそれを忘れました。

3 ぼくは青いほうをもらいます。

解　説　ここでの Why not? はテッドの I don't have it を受けて，「どうしてそれ（＝教科書）を持っていないの？」ということです。教科書を持っていない理由になっているのは **2** で，forgot は forget「～を忘れる」の過去形です。

No. 3　解答 ③

放送文　☆ : Hi, Bob.

★ : Hi, Kate.

☆ : Can you come to the beach tomorrow?

1 You're welcome.

2 It's hot today.

3 I'll ask my mom after school.

放送文の訳　☆ :「こんにちは，ボブ」

★ :「やあ，ケイト」

☆ :「明日，海辺に来られる？」

1 どういたしまして。

2 今日は暑いね。

3 放課後にお母さんに聞いてみるよ。

解　説　ケイトはボブに，明日 come to the beach「海辺に来る」ことができるかどうかをたずねています。Yes / No で答えている選択肢

21年度第2回　リスニング

107

はありませんが，ask my mom「（行けるかどうかを）お母さんに聞く」と言っている **3** が正解です。

No.4　解答 ②

放送文　★：Where are you going?
　　　　☆：To the park with Julia.
　　　　★：Come back before lunch.
　　　　　1　I'm ready.
　　　　　2　I will.
　　　　　3　I can cook.

放送文の訳　★：「どこへ行くんだい」
　　　　　☆：「ジュリアといっしょに公園へよ」
　　　　　★：「昼食前に戻ってきてね」
　　　　　1　用意できているわ。
　　　　　2　そうするわ。
　　　　　3　私は料理することができるわ。

解　説　女の子が出かけようとしている場面です。男性の Come back before lunch. に対して適切な応答になっているのは **2** の I will. で，ここでは I will come back before lunch.「昼食前に戻ってくる」ということです。

No.5　解答 ②

放送文　☆：Let's study together.
　　　　★：Good idea.
　　　　☆：I'll meet you at the library.
　　　　　1　I like reading.
　　　　　2　See you there.
　　　　　3　It's sunny.

放送文の訳　☆：「いっしょに勉強しましょうよ」
　　　　　★：「いい考えだね」
　　　　　☆：「図書館であなたに会うわね」
　　　　　1　ぼくは読書が好きだよ。
　　　　　2　それじゃ，そこで。

3 晴れているよ。

解 説　Let's study together. といっしょに勉強しようと誘った女の子は, I'll meet you at the library. と男の子に会う場所を伝えています。これに対応している発話は **2** で, there「そこで」は at the library「図書館で」ということです。

No.6　解答 **1**

放送文　☆：Were you sick last week, John?

★：No, I was on vacation.

☆：Where did you go?

　1　To Hawaii with my parents.

　2　For about five days.

　3　I'll be back soon.

放送文の訳　☆：「先週は具合が悪かったの, ジョン？」

★：「ううん, 休暇を取っていたんだ」

☆：「どこへ行ったの？」

　1　両親といっしょにハワイへだよ。

　2　5日間ほどだよ。

　3　すぐに戻ってくるね。

解 説　先週は I was on vacation「休暇を取っていた」というジョンに, 女性は Where did you go? とどこへ行ったかをたずねています。To Hawaii「ハワイへ」と行った場所を答えている **1** が正解です。

No.7　解答 **2**

放送文　★：This is a photo of my grandfather.

☆：How old is he?

★：He's 83.

　1　No, it's not mine.

　2　He looks younger than that.

　3　I took it last summer.

放送文の訳　★：「これはぼくの祖父の写真なんだ」

☆：「彼は何歳なの？」

★：「83歳だよ」

109

1 ううん，それは私のものではないわ。

2 彼はそれより若く見えるわ。

3 私は昨年の夏にそれを撮ったの。

（解説） 男の子が a photo of my grandfather「ぼくの祖父の写真」を見せています。He's 83. は男の子の祖父の年齢で，**2** の He looks younger than that. が適切な応答です。younger は young「若い」の比較級，that は 83 を指していて，「83歳より若く見える」ということです。

No.8 解答 ①

（放送文） ☆：The weather is so bad today.

★：Yeah.

☆：Maybe it'll be sunny tomorrow.

1 I hope so.

2 Last weekend.

3 It's my umbrella.

（放送文の訳） ☆：「今日は天気がとても悪いわね」

★：「そうだね」

☆：「たぶん明日は晴れるわ」

1 そうだといいね。

2 先週末だよ。

3 それはぼくのかさだよ。

（解説） Maybe は「たぶん」，sunny は「晴れて」という意味で，女の子は「（今日は天気が悪いけど）明日は晴れるだろう」と言っています。I hope so.「そう期待している，そうだといいね」と答えている **1** が正解で，so は it'll be sunny tomorrow を指しています。

No.9 解答 ①

（放送文） ☆：I have to go to the bathroom.

★：OK. I'll wait here.

☆：I'll be back in five minutes.

1 Sure, no problem.

2 No, it's for you.

110

3 Yes, in two hours.

放送文の訳 ☆：「トイレに行かなくちゃいけないわ」

★：「いいよ。ぼくはここで待っているよ」

☆：「5分で戻るわね」

    1 わかった，大丈夫だよ。

    2 ううん，それは君にだよ。

    3 うん，2時間後にね。

解　説 I'll be back は「戻ってくる」, in five minutes は「5分後に」という意味です。bathroom「トイレ」に行き，5分後に戻ってくることを女性から伝えられた男性の応答として適切なのは **1** です。no problem は「問題ない，大丈夫」ということです。

No.10 解答 ②

放送文 ☆：We need a new sofa.

★：How about this one?

☆：It's too expensive.

    1 Great idea.

    2 You're right.

    3 Under the table.

放送文の訳 ☆：「私たちは新しいソファが必要ね」

★：「このソファはどう？」

☆：「それは高すぎるわ」

    1 とてもいい考えだね。

    2 その通りだね。

    3 テーブルの下にだよ。

解　説 How about this one? の one は, sofa「ソファ」のかわりに使われています。このソファについて女性は too expensive「（値段が）高すぎる」と言っていて，それに You're right. と同意している **2** が正解です。

21年度第2回　リスニング

111

リスニング **第2部** 問題編 P86〜87　🔊 ▶MP3 ▶アプリ ▶CD 2 45〜55

No.11 解答 ①

放送文
☆：Let's ride our bikes to the river this afternoon.

★：No, it's too hot.

☆：How about watching a DVD at my house, then?

★：Sure.

Question: What will they do this afternoon?

放送文の訳
☆：「今日の午後，川へ自転車に乗って行きましょう」

★：「いや，暑すぎるよ」

☆：「それじゃ，私の家で DVD を見るのはどう？」

★：「いいよ」

質問の訳 「彼らは今日の午後に何をしますか」

選択肢の訳
1 DVD を見る。　　　　　**2** 自転車に乗る。
3 川で泳ぐ。　　　　　　**4** ハイキングに行く。

解説 How about ～ing?「～するのはどうですか」は提案をする表現です。女の子の watching a DVD at my house という提案に，男の子は Sure.「いいよ」と答えています。Let's ride our bikes to the river … に対して男の子は No と言っているので，**2** は不正解です。

No.12 解答 ④

放送文
☆：Excuse me. How much are these red shoes?

★：They're thirty-five dollars.

☆：Oh. How about those blue ones?

★：They're only twenty dollars.

Question: How much are the red shoes?

放送文の訳
☆：「すみません。この赤い靴はいくらですか」

★：「それは 35 ドルです」

☆：「あら。その青い靴はどうですか」

★：「それはたったの 20 ドルです」

112

質問の訳	「赤い靴はいくらですか」

選択肢の訳	**1** 15ドル。　　**2** 20ドル。　　**3** 30ドル。　　**4** 35ドル。

解　説	these red shoes「この赤い靴」は thirty-five dollars「35ドル」, those blue ones (＝shoes)「その青いほう（＝靴）」は twenty dollars「20ドル」という2つの情報を聞き分けるようにします。質問では the red shoes の値段をたずねているので，**4** が正解です。

No. 13 解答 **2**

放送文	☆：Bob and Ann aren't at work.
	★：Yes, they're both sick at home.
	☆：Oh.　And where is Jim?
	★：He's on vacation with his family.
	Question: Who is on vacation?

放送文の訳	☆：「ボブとアンは勤務していないわね」
	★：「うん，2人とも具合が悪くて家にいるよ」
	☆：「あら。それと，ジムはどこにいるの？」
	★：「彼は家族といっしょに休暇中だよ」

質問の訳	「だれが休暇を取っていますか」

選択肢の訳	**1** アン。　　　　　　　　　　**2** ジム。
	3 ボブ。　　　　　　　　　　**4** ボブの家族。

解　説	女性の And where is Jim? に対して男性は He's on vacation with his family. と答えているので，休暇を取っているのはジムです。ボブとアンについては，they're both sick at home から具合が悪くて家にいることがわかります。

No. 14 解答 **3**

放送文	☆：Hello?
	★：Hi, this is Frank.　I'm going to be late.
	☆：What happened?
	★：My train stopped for 30 minutes because of the snow.
	Question: What is Frank's problem?

放送文の訳	☆：「もしもし？」
	★：「もしもし，フランクだよ。ぼくは遅れそうなんだ」

☆：「何があったの？」

★：「ぼくの電車が雪のために 30 分間止まっちゃったんだ」

質問の訳 「フランクの問題は何ですか」

選択肢の訳 **1** 彼は風邪をひいている。　**2** 彼は疲れている。
3 彼の電車が止まった。　**4** 彼は遅くに目が覚めた。

解　説 女性の What happened?「何があったの？」に対して，フランクは My train stopped for 30 minutes because of the snow. と答えていて，これがフランクの problem「問題」です。stopped は stop「止まる」の過去形，because of ～ は「～のために」という理由を表す語句です。

No. 15 解答 ①

放送文 ★：I'm going to bed, Mom.

☆：Did you go to bed late yesterday?

★：No, but I woke up early today.

☆：All right. Good night.

Question: Why is the boy sleepy?

放送文の訳 ★：「ぼくは寝るね，お母さん」

☆：「昨日は遅くに寝たの？」

★：「ううん，でも今日早く起きたんだ」

☆：「わかったわ。おやすみなさい」

質問の訳 「男の子はなぜ眠いのですか」

選択肢の訳 **1** 彼は早く起きた。　**2** 彼は遅くに寝た。
3 彼は薬を飲んだ。　**4** 彼は風邪をひいている。

解　説 母親の Did you go to bed late yesterday? に対して息子は No と答えているので，**2** は不正解です。その後の but I woke up early today が sleepy「眠い」理由です。woke は wake の過去形で，wake up で「目が覚める，起きる」という意味です。

No. 16 解答 ①

放送文 ★：Is the TV on, Lisa?

☆：Yes, it is, Dad.

★：Are you watching it?

☆：No, I'm reading a book. I'll turn off the TV.

Question: What will the girl do next?

放送文の訳 ★：「テレビがついているの，リサ？」

☆：「うん，ついているわ，お父さん」

★：「それを見ているのかい」

☆：「ううん，本を読んでいるわ。テレビを消すわね」

質問の訳 「女の子は次に何をしますか」

選択肢の訳
1 テレビを消す。
2 DVD を見る。
3 自分の部屋を掃除する。
4 宿題をする。

解説 リサの No, I'm reading a book. I'll turn off the TV. から，今は本を読んでいるので，つけっ放しになっているテレビを消すことがわかります。I'll は I will の短縮形，turn off ～ は「(テレビ・電気など) を消す」という意味です。

No.17 解答 ③

放送文 ★：When are your piano lessons?

☆：On Mondays and Thursdays.

★：You also take guitar lessons, right?

☆：Yeah, they're on Wednesdays.

Question: When are the girl's guitar lessons?

放送文の訳 ★：「君のピアノのレッスンはいつなの」

☆：「毎週月曜日と木曜日よ」

★：「君はギターのレッスンも受けているよね？」

☆：「ええ，それは毎週水曜日よ」

質問の訳 「女の子のギターのレッスンはいつですか」

選択肢の訳
1 毎週月曜日に。
2 毎週火曜日に。
3 毎週水曜日に。
4 毎週木曜日に。

解説 女の子の piano lessons は On Mondays and Thursdays. ですが，guitar lessons を受けているのは on Wednesdays です。これら2つの情報を混同しないように注意します。質問では guitar lessons がいつかをたずねているので，**3** が正解です。

21年度第2回　リスニング

115

No. 18 解答 ③

放送文 ★：Mom, can we have spaghetti for lunch?

☆：No, we had Italian food last night.

★：How about hamburgers?

☆：Sounds good.

Question: What are they going to have for lunch today?

放送文の訳 ★：「お母さん，昼食にスパゲティを食べられる？」

☆：「ううん，私たちは昨晩イタリア料理を食べたわよ」

★：「ハンバーガーはどう？」

☆：「いいわね」

質問の訳 「彼らは今日の昼食に何を食べますか」

選択肢の訳 1　ピザ。　　　　　　　　2　スパゲティ。

3　ハンバーガー。　　　4　サラダ。

解説 男の子の Mom, can we have spaghetti for lunch? に対して母親は No と答えているので，2は不正解です。How about hamburgers? に対しては Sounds good. 「いいわね」と言っているので，昼食で食べるのは hamburgers「ハンバーガー」です。

No. 19 解答 ①

放送文 ★：Are you going to play soccer at the park this morning?

☆：No.

★：Why not?

☆：I want to write a letter to Grandma.

Question: What does the girl want to do this morning?

放送文の訳 ★：「今日の午前中に公園でサッカーをするの？」

☆：「ううん」

★：「どうしてしないの？」

☆：「おばあちゃんへ手紙を書きたいの」

質問の訳 「女の子は今日の午前中に何をしたいですか」

選択肢の訳 1　手紙を書く。　　　　2　彼女の祖母をたずねる。

3　公園へ行く。　　　　4　サッカーをする。

解説 最後の I want to write a letter to Grandma. から，女の子がしたいのは Grandma「おばあちゃん」へ手紙を書くことだとわかり

116

ます。男の子の Why not? は，「どうして今日の午前中に公園で
サッカーをしないの？」ということです。

No.20 解答 ②

放送文
★ : Did you practice the drums today?
☆ : Yes, for two hours.
★ : Wow! Do you practice for two hours every day?
☆ : No. Yesterday, I only practiced for 30 minutes.
Question: How long did the girl practice the drums yesterday?

放送文の訳
★ :「君は今日はドラムを練習したの？」
☆ :「ええ，2時間」
★ :「うわー！　毎日2時間練習するの？」
☆ :「ううん。昨日は，30分間だけ練習したわ」

質問の訳「女の子は昨日，どれくらいの時間ドラムを練習しましたか」
選択肢の訳 1 20分間。　2 30分間。　3 2時間。　4 3時間。
解説　女の子は drums「ドラム」の練習時間について，最後に
Yesterday, I only practiced for 30 minutes. と言っています。
minute(s) は「分」という意味です。for two hours「2時間」練
習したのは今日のことなので，3を選ばないように注意します。

リスニング | **第3部** | 問題編 P87〜88 | ▶MP3 ▶アプリ ▶CD 2 56〜66

No.21 解答 ③

放送文
My brother works every day from nine to five. He plays
tennis on Saturdays. Once a month, we go to a movie.
Question: How often does the girl go to a movie with
her brother?

放送文の訳「私の兄[弟]は毎日9時から5時まで仕事をします。彼は毎週土曜
日にテニスをします。月に1度，私たちは映画に行きます」
質問の訳「女の子はどれくらいの頻度で兄[弟]といっしょに映画に行きます

117

か」

選択肢の訳	**1** 毎日。	**2** 毎週土曜日。
	3 月に1度。	**4** 月に2度。

解説 How often は「どれくらいの頻度で」という意味で，女の子が go to a movie with her brother「兄[弟]といっしょに映画に行く」頻度をたずねています。Once a month, we go to a movie. から **3** が正解です。once は「1度」，a month は「ひと月につき」という意味です。

No. 22 解答 **3**

放送文 Ken went to China with his parents last month.　He enjoyed the food.　He couldn't speak Chinese, so now he wants to study it.

Question: What did Ken enjoy in China?

放送文の訳 「ケンは先月，両親といっしょに中国へ行きました。彼は食べ物を楽しみました。中国語を話せなかったので，今，彼はその勉強をしたいと思っています」

質問の訳 「ケンは中国で何を楽しみましたか」

選択肢の訳	**1** 天気。	**2** 中国語を話すこと。
	3 食べ物。	**4** 料理を勉強すること。

解説 2文目の He enjoyed the food. から，**3** が正解です。the food は，China「中国」で食べた食べ物のことです。He couldn't speak Chinese「彼は中国語を話せなかった」とあるので，**2** は不正解です。

No. 23 解答 **4**

放送文 Yesterday, Sam went to a pet store.　He looked at the dogs and cats.　But he liked the hamsters, so he got one.

Question: Which pet did Sam get?

放送文の訳 「昨日，サムはペットショップへ行きました。彼は犬と猫を見ました。でも彼はハムスターが気に入ったので，1匹買いました」

質問の訳 「サムはどのペットを買いましたか」

選択肢の訳	**1** 犬。	**2** 猫。	**3** ウサギ。	**4** ハムスター。

| 解 説 | He looked at the dogs and cats. But … 「彼は犬と猫を見ました。でも…」の流れに注意して，サムがどのペットを買ったかは But 以降の he liked the hamsters, so he got one. から判断します。one は a hamster のことです。 |

No. 24 解答 ①

| 放送文 | I like to travel to different places, but I don't like planes. I usually travel by car or train.　Next year, I want to travel by ship.

Question: How does the man want to travel next year? |

| 放送文の訳 | 「ぼくはいろいろな場所へ旅行することが好きですが，飛行機は好きではありません。普段は車か電車で旅行します。来年，船で旅行したいと思っています」 |

| 質問の訳 | 「男性は来年，どのような方法で旅行をしたいですか」 |

| 選択肢の訳 | **1** 船で。　　**2** 飛行機で。　**3** 車で。　　**4** 電車で。 |

| 解 説 | I usually travel by car or train. から，普段は車か電車で旅行すること，Next year, I want to travel by ship. から，来年は船で旅行したいと思っていることがわかります。質問では来年についてたずねているので，**1** が正解です。 |

No. 25 解答 ①

| 放送文 | I usually drink orange juice or apple juice with my breakfast.　But this morning my sister drank all the juice, so I had to drink milk.

Question: What did the boy drink this morning? |

| 放送文の訳 | 「ぼくは普段朝食といっしょにオレンジジュースかアップルジュースを飲みます。でも今朝は姉[妹]がジュースを全部飲んでしまったので，ぼくは牛乳を飲まなくてはなりませんでした」 |

| 質問の訳 | 「男の子は今朝，何を飲みましたか」 |

| 選択肢の訳 | **1** 牛乳。　　　　　　　　　　**2** 水。
| | **3** オレンジジュース。　　　　**4** アップルジュース。 |

| 解 説 | But this morning …, so I had to drink milk. から，男の子が今朝飲んだのは milk「牛乳」だとわかります。had to 〜 は「〜 |

21年度第2回　リスニング

119

しなければならなかった」という意味です。orange juice や apple juice は普段 breakfast「朝食」といっしょに飲むものです。

No. 26 解答 ①

放送文
Welcome to Katie's Sweets. Today, our cheesecakes are 20 percent off. If you want a healthy snack, try our carrot cake. It has no sugar!

Question: Where is the man talking?

放送文の訳
「ケイティーズスイーツへようこそ。本日、当店のチーズケーキは20パーセント引きです。健康によいおやつをお求めなら、当店のキャロットケーキをお試しください。砂糖はまったく入っていません！」

質問の訳
「男性はどこで話していますか」

選択肢の訳
1 ケーキ屋で。　　　　　　　2 学校で。
3 農場で。　　　　　　　　　4 衣料品店で。

解説
Welcome to ～「～へようこそ」、our cheesecakes「当店のチーズケーキ」、our carrot cake「当店のキャロットケーキ」などから、男性が話しているのは Katie's Sweets という名前の cake shop「ケーキ屋」だと予想できます。

No. 27 解答 ④

放送文
Yesterday, I lost my glasses. I looked for them at home and at my office, but I couldn't find them. I need to get new ones.

Question: What does the woman need to do?

放送文の訳
「昨日、私はめがねをなくしてしまいました。家と自分のオフィスでめがねを探しましたが、見つかりませんでした。私は新しいめがねを買う必要があります」

質問の訳
「女性は何をする必要がありますか」

選択肢の訳
1 早く家に帰る。　　　　　　2 彼女のオフィスを掃除する。
3 新しい仕事を見つける。　　4 新しいめがねを買う。

解説
lost は lose「～をなくす」の過去形で、最初の Yesterday, I lost my glasses. から女性はめがねをなくしたことがわかります。

120

I need to get new ones. の ones は glasses「めがね」を指しているので，**4** が正解です。

No. 28 解答 ②

放送文
Thank you for coming to today's concert in the park. Because it rained, the concert will start 15 minutes late. Enjoy the show.

Question: Why will the concert start late?

放送文の訳
「本日の公園でのコンサートに来てくださりありがとうございます。雨が降ったため，コンサートは15分遅れで始まります。ショーをお楽しみください」

質問の訳
「コンサートはなぜ遅れて始まりますか」

選択肢の訳
1　ギターが壊れた。　　　　　2　雨が降った。
3　歌手の具合が悪い。　　　　4　電車が遅れている。

解説
Thank you for coming to ～「～に来てくださりありがとうございます」で始まるコンサート会場での案内放送です。the concert will start 15 minutes late の理由は，その前の Because it rained で説明されているので，**2** が正解です。

No. 29 解答 ①

放送文
Jessica is a high school student. She loves sports. Before school, she often runs, and every afternoon she plays basketball with friends.

Question: What does Jessica often do before school?

放送文の訳
「ジェシカは高校生です。彼女はスポーツが大好きです。学校が始まる前に，彼女はよく走って，毎日午後には友だちといっしょにバスケットボールをします」

質問の訳
「ジェシカは学校が始まる前によく何をしますか」

選択肢の訳
1　彼女は走る。
2　彼女は勉強する。
3　彼女はバスケットボールをする。
4　彼女は友だちと話す。

解説
質問では，before school にジェシカがよくすることは何かをた

ずねています。Before school, she often runs から **1** が正解です。basketball をするのは every afternoon「毎日午後に」なので，**3** は不正解です。

No.30 解答 ①

放送文
This is the last week of summer vacation. On Monday, I'll see a movie, and on Tuesday, I'll have a picnic. On Wednesday, I'll go to a restaurant with my family!

Question: What will the girl do on Monday?

放送文の訳
「今週は夏休みの最後の週です。月曜日に，私は映画を見て，火曜日には，ピクニックに行く予定です。水曜日には，家族といっしょにレストランへ行きます！」

質問の訳
「女の子は月曜日に何をしますか」

選択肢の訳
1　映画を見る。　　　　　　2　ピクニックに行く。
3　家族と旅行する。　　　　4　レストランで食事をする。

解　説
the last week of summer vacation「夏休みの最後の週」に何をするかが説明されています。曜日と予定を結びつけて，On Monday → see a movie，on Tuesday → have a picnic，On Wednesday → go to a restaurant の各情報を聞き分けるようにします。

122

2021-1

筆記解答・解説　　P124～135

リスニング解答・解説　P136～152

解答一覧

筆記

1

(1)	3	(6)	3	(11)	2
(2)	3	(7)	2	(12)	3
(3)	1	(8)	4	(13)	1
(4)	3	(9)	4	(14)	4
(5)	3	(10)	3	(15)	4

2

(16)	1	(18)	3	(20)	1
(17)	1	(19)	4		

3

(21)	2	(23)	3	(25)	1
(22)	1	(24)	4		

4 A

(26)	3
(27)	2

4 B

(28)	4
(29)	1
(30)	2

4 C

(31)	1	(33)	3	(35)	1
(32)	4	(34)	1		

リスニング

第1部

No. 1	1	No. 5	2	No. 9	1
No. 2	2	No. 6	3	No.10	2
No. 3	2	No. 7	1		
No. 4	1	No. 8	3		

第2部

No.11	2	No.15	1	No.19	1
No.12	4	No.16	1	No.20	4
No.13	1	No.17	4		
No.14	3	No.18	4		

第3部

No.21	3	No.25	4	No.29	3
No.22	2	No.26	3	No.30	2
No.23	4	No.27	1		
No.24	2	No.28	4		

筆記　1　問題編 P90～91

(1)　解答 3

訳　「私の父はスポーツクラブの**会員**です。父は毎週水曜日の夜に，そこでテニスをします」

1 祭り　　**2** ピクニック　**3** 会員　　**4** グループ

解説　空所の後の of a sports club「スポーツクラブの」につながる名詞は member「会員，一員」で，ここでは a member of ～ の形で「～の会員」という意味で使われています。

(2)　解答 3

訳　「クラークさんは私たちに，インドへの旅行についてたくさんの興味深い**話**をしてくれました」

1 絵　　**2** 本　　**3** 話　　**4** 雑誌

解説　told は tell の過去形で，〈tell＋（人）＋～〉で「（人）に～を話す」の意味になります。ここで tell と意味的につながるのは story「話」の複数形 stories です。his trip to India は「彼（クラークさん）のインドへの旅行」という意味です。

(3)　解答 1

訳　「今日は雪がたくさん降っているので，**ゆっくり**運転してください」

1 ゆっくり　**2** 自由に　**3** 冷たく　**4** 忙しく

解説　It's snowing a lot today「今日は雪がたくさん降っている」という状況と，空所の前の drive「運転する」とのつながりから，slowly「ゆっくり」が正解です。〈please＋動詞の原形〉は「～してください」という意味です。

(4)　解答 3

訳　「春に，ジェーンは祖母の**庭**を散歩することが好きです。彼女はそこで，きれいな花を見て楽しみます」

1 石　　**2** 空　　**3** 庭　　**4** 壁

解説　walk は「歩く，散歩する」という意味です。ジェーンがそうする

場所が in her grandmother's (　) なので，garden「庭」が正解です。〈enjoy＋動詞の〜ing 形〉は「〜して楽しむ」という意味です。

(5)　解答 ③

訳　「私のクラスの多くの女の子は短い髪の毛をしています」
1　（時間が）遅い　　　　　　2　（動きが）遅い
3　短い　　　　　　　　　　4　忙しい

解 説　空所の後の hair「髪の毛」とのつながりを考えて，short「短い」を選びます。have short hair は「短い髪の毛をしている」という意味になります。「長い髪の毛，長髪」なら long hair になります。

(6)　解答 ③

訳　A「あなたは都会に住んでいるの？」
B「ううん。ぼくは小さな町に住んでいるよ」
1　趣味　　　2　チケット　　3　町　　　4　休日

解 説　A の Do you live in a city? に B は No. と答えているので，その後の発話としては，a city「都市，都会」ではない場所，つまり a small town「小さな町」に住んでいるというのが自然です。

(7)　解答 ②

訳　「私はナンシーのノートを見つけました。それはメアリーの机の上にありました」
1　滞在した　　2　見つけた　　3　止めた　　4　行った

解 説　空所の後の Nancy's notebook「ナンシーのノート」につながる動詞は，find「〜を見つける」の過去形 found です。1，3，4 はそれぞれ stay，stop，go の過去形です。

(8)　解答 ④

訳　「デニスは 8 月に 1 年間の予定で日本へ行きました。家族にさよならを言ったとき，彼は悲しかったです」
1　終えた　　2　期待した
3　話した　　4　(said goodbye to 〜 で)〜にさよならを言った

解 説　空所の後の goodbye とのつながりから，say「〜を言う」の過去

21年度第1回　筆記

125

形 said が正解です。〈say goodbye to＋(人)〉は「(人)にさよならを言う，別れを告げる」という意味の表現です。

(9) 解答 4

訳 「ジェフは8時にパーティーを後にしました。彼は早く家に帰って寝たいと思いました」

1 会う　　　　　　　　　　　2 置く
3 送る　　　　　　　　　　　4 （get home で）家に帰る

解説 空所の後の home とつながる動詞は get で，get home で「家に着く，帰宅する」という意味の表現です。left は leave「～を去る，～を後にする」の過去形です。

(10) 解答 3

訳 「お母さんのレモンケーキはチョコレートケーキほどおいしくはありません」

1 ～へ　　　　　　　　　　　2 ～の
3 （not as ～ as ... で）…ほど～ではない　4 ～によって

解説 not as があることに注目して，as ～ as ...「…と同じくらい～」の否定形 not as ～ as ...「…ほど～ではない」という表現にします。母親が作る lemon cake と chocolate cake が比較されています。

(11) 解答 2

訳 「パトリックは美術にとても興味があります。彼は毎日，線画を描いたり絵の具で絵を描いたりします」

1 速い　　2 （is interested in ～ で）～に興味がある
3 きれいな　4 健康な

解説 空所の後に in があるので，be interested in ～「～に興味がある」という表現にします。2文目は1文目の具体的な説明で，draw は「(鉛筆やペンで)線画を描く」，paint は「(絵の具で)絵を描く」という意味です。

(12) 解答 3

訳 A「英語のスピーチは楽しかったかい」

126

B「ええ，でもそのすべてを理解することはできなかったわ」

1 〜のために

2 〜の上に

3 （wasn't able to 〜 で）〜することができなかった

4 〜で

解説 空所の前の able とつながるのは to で，be able to 〜 で「〜することができる」という意味です。ここでは wasn't able to 〜「〜することができなかった」という過去形の否定文になっています。最後の it は the speech in English「英語のスピーチ」を指しています。

(13) 解答 **1**

訳 「サチコはインドを訪れていたときに，カメラをなくしました」

解説 〈was＋動詞の〜ing 形〉は「〜していた」という意味の過去進行形で，サチコがインドに行ったときのことを説明している文です。このことから，空所には lose「〜をなくす」の過去形 lost が入ります。

(14) 解答 **4**

訳 「ぼくたちの家の近くに新しいプールがあります」

解説 There is[are] 〜 は「〜がある」という意味の表現で，〜の部分が単数なら is，複数なら are になります。ここでは a new swimming pool「1つの新しいプール」という単数なので，There is 〜 とします。

(15) 解答 **4**

訳 A「旅行を楽しんでね」

B「ありがとう。あなたへはがきを送るわね」

解説 A の Enjoy your trip. から，B はこれから trip「旅行」に出かけることがわかります。空所の後は send「（人）に〜を送る」という動詞なので，その前につくのは未来を表す助動詞 will で，〈will＋動詞の原形〉になります。

21年度第1回 筆記

127

筆　記	**2**	問題編 P92〜93

(16) 解答 **1**

訳

男の子1「それは君の新しいコートなの，トム？　それはとてもいいね」

男の子2「ありがとう。ぼくも気に入っているんだ」

1 それはとてもいいね。　　　　**2** 今日はくもりだよ。

3 またすぐに会おうね。　　　　**4** ぼくも1つ持っているよ。

解説

男の子2が Thanks. とお礼を言っていることと，I like it, too. 「ぼくもそれが気に入っている」と言っていることから，男の子1の発話として適切なのは，男の子2の new coat「新しいコート」をほめている **1** の It's really nice. です。

(17) 解答 **1**

訳

母親「具合がよくなさそうね，ブラッド。大丈夫？」

息子「疲れているんだ。昨夜よく眠れなかったんだ」

1 疲れているんだ。

2 それはテレビでやってるよ。

3 これをあなた（お母さん）にあげるよ。

4 夕食の時間だよ。

解説

母親は don't look well「具合がよくなさそう」な息子のブラッドに，Are you OK? と大丈夫かたずねています。Yes / No で始まる選択肢はありませんが，I'm tired. と疲れていることを伝えている **1** が正解です。

(18) 解答 **3**

訳

男性「また来週ね，リンダ。よい週末を」

女性「ありがとう，ジョン。あなたもね」

1 ほんの少し。　　　　　　　**2** それだけよ。

3 あなたもね。　　　　　　　**4** そのとおりね。

解説

Have a nice weekend.「よい週末を」は，週末に人と別れるときのあいさつです。これに適切に応答しているのは **3** の You,

128

too. で，「あなたも（よい週末を送って）ね」という意味です。

(19) 解答 4

訳 兄[弟]「これらは君の靴下かい」
妹[姉]「そうよ。どこにあったの」
兄[弟]「ソファの下だよ」

1 それらをはいたの？　　　　2 それらを洗ってくれる？

3 それらはだれのもの？　　　4 それらはどこにあったの？

解説 兄[弟]の Under the sofa.「ソファの下だよ」から，妹[姉]は場所をたずねていることがわかります。正解 **4** の Where は「どこに」を意味する疑問詞で，they は兄[弟]が見つけた socks「靴下」を指しています。

(20) 解答 1

訳 息子「このテレビ番組はいつ終わるの」
母親「約10分後よ。その後で夕食を作りましょう」

1 約10分後に。　　　　　　2 2時間前に。

3 毎週月曜日の夜に。　　　　4 私が買い物に行った前に。

解説 息子は When「いつ」で始めて，this TV program「このテレビ番組」がいつ終わるかをたずねています。これに応じた発話になっているのは **1** で，〈In＋時間〉は「〜後に」と時の経過を表す用法です。minute(s) は「分」という意味です。

筆 記 **3** 問題編 P94〜95

---

(21) 解答 2

正しい語順 Are (you good at speaking English)?

解説 「〜が得意だ」は be good at 〜 で表します。ここでは「あなたは〜が得意ですか」という疑問文なので Are you good at 〜? という形になります。at の後に続く動詞は〜ing 形になるので，「英語を話すこと」を意味する speaking English とします。

21年度第1回 筆記

129

(22) 解答 **1**

正しい語順
I (was taking a bath when my father) came home.

解説
文頭に I があるので，「私は風呂に入っていました」+「父が家に帰って来たとき」の語順で考えます。「風呂に入っていた」は過去進行形〈was[were]＋動詞の〜ing 形〉を使って was taking a bath とします。「〜したとき」は when 〜 で，その後に文末の came home の主語になる my father をつなげます。

(23) 解答 **3**

正しい語順
(What kind of ice cream do) you like?

解説
「どんな種類の〜」は What kind of 〜 と表し，kind はここでは「種類」という意味です。この後に，ice cream「アイスクリーム」を続けます。最後に，疑問文を作る働きをする do を文末の you like とつなげます。

(24) 解答 **4**

正しい語順
(Fishing is one of William's) hobbies.

解説
主語になる Fishing「釣り」で始め，その後に動詞の is を続けます。「〜の一つ」は〈one of＋複数名詞〉の形で表します。William's は「ウィリアムの」という意味で，文末にある hobby「趣味」の複数形 hobbies とつながります。

(25) 解答 **1**

正しい語順
(Who is going to make) lunch today?

解説
「だれが〜ですか」という疑問文なので，疑問詞の Who「だれが」で始めます。並べかえる語の中に going があることに注目して，Who の後には未来を表す〈be（ここでは is）going to＋動詞の原形〉を続けます。最後に，make「〜を作る」を lunch とつなげます。

130

| 筆 記 | **4A** | 問題編 P96〜97 |

全 訳

サッカー部のみなさんへ

次の金曜日は夏休み前の最後の登校日です。私たちはパーティーをします！ ホランド先生が私たちにサンドイッチとクッキーを買ってくれます。自分の飲み物を持ってきてください。

日にち：6月20日
時刻：午後3時30分
場所：404室（理科室）

私たちはサッカーに関する人気のある映画を見ます。

(26) 解答 ③

質問の訳 「ホランド先生は」

選択肢の訳
1 金曜日の前に映画のチケットを買う。
2 いくつか新しいサッカーボールを持ってくる。
3 パーティー用に食べ物を買う。
4 生徒たちの写真を撮る。

解 説 お知らせの3文目に，Ms. Holland will buy some sandwiches and cookies for us. と書かれています。〈buy +（物）+ for +（人）〉は「（人）に（物）を買う」という意味です。正解の3では，buy のかわりに同じ意味を表す get が，some sandwiches and cookies「サンドイッチとクッキー」のかわりに some food「食べ物」が使われています。

(27) 解答 ②

質問の訳 「パーティーはどこで行われるか」

選択肢の訳
1 学校の体育館で。　　　2 理科室で。
3 映画館で。　　　　　　4 ホランド先生の家で。

解 説 質問文の Where は「どこで」という意味で，パーティーが行われる場所をたずねています。お知らせの PLACE「場所」の部分に Room 404 (science room)「404室（理科室）」と書かれているので，2 が正解です。

131

| 筆 記 | **4B** | 問題編 P98〜99 |

全 訳

差出人：サム・フィッシャー
受取人：ヘレン・ジョンソン
日付：5月25日
件名：数学

こんにちは，ヘレン，
元気？　ぼくは今日，サッカーの練習があったんだ。金曜日に大事な試合があるんだけど，ぼくたちは勝つと思うよ。今年，ぼくたちのチームは強いんだ。土曜日は空いている？　数学のテストのために勉強をする必要があるんだ。テストは今度の月曜日だったよね？図書館でぼくといっしょに勉強しない？
それじゃ，
サム

差出人：ヘレン・ジョンソン
受取人：サム・フィッシャー
日付：5月25日
件名：日曜日

こんにちは，サム，
悪いんだけど，土曜日は忙しいわ。午前中にダンスのレッスンがあって，夕方にはティナと映画を見に行くの。日曜日の午前はどうかしら。そのときなら空いているわ。勉強した後，ベイカーズタウンプールへ行って泳ぎましょう。これから夕食を食べに行かなくちゃいけないの。
また明日ね！
あなたの友，
ヘレン

(28) 解答 **4**

質問の訳　「サムは今日，何をしましたか」
選択肢の訳　**1**　彼は図書館へ行った。　　　　**2**　彼は試合に勝った。

3 彼はテストを受けた。　　　**4** 彼はサッカーの練習をした。

解説　サムが書いた最初のEメールの2文目に，I had soccer practice today. とあります。この文での practice は「練習」という意味の名詞ですが，正解の **4** では practiced「～を練習した」という意味の動詞として使われています。

(29) 解答 ①

質問の訳　「ヘレンはいつダンスのレッスンがありますか」

選択肢の訳
1 土曜日の午前に。　　　**2** 土曜日の夕方に。
3 日曜日の午前に。　　　**4** 日曜日の夕方に。

解説　ヘレンは自分の dance lesson「ダンスのレッスン」について，2番目のEメールの2文目で I have a dance lesson in the morning, … と書いています。in the morning は，1文目の on Saturday を受けて「（土曜日の）午前に」ということです。

(30) 解答 ②

質問の訳　「ヘレンはサムといっしょに何をしたいと思っていますか」

選択肢の訳
1 映画に行く。　　　　　　**2** プールで泳ぐ。
3 スポーツチームに入る。　**4** いっしょに夕食を食べる。

解説　2番目のEメールの5文目で，ヘレンは After we study, let's go to Bakerstown Pool and swim. と書いています。〈let's＋動詞の原形〉「～しましょう」は，相手を誘う表現です。go 以下の内容を Swim at the pool. と短くまとめている **2** が正解です。

筆 記　**4C**　問題編 P100～101

全 訳

アンドリューの趣味

　アンドリューは高校生です。最近，彼はいくつかの大切なテストのために勉強をしているので，とても忙しいです。来年，彼はよい大学へ行きたいと思っています。テストが終われば，彼は喜ぶでしょう。彼は自分の趣味のためにもっと自由な時間がほしいと思っています。彼はロッククライミングをしに行くことが大好きです。

21年度第1回　筆記

133

アンドリューは5年ほど前にロッククライミングを始めました。彼の友だちが彼をクライミングのジムへ連れて行きました。そこには壁があって，人々はその壁を登っていました。アンドリューはそれをやってみましたが，好きではありませんでした。翌週，彼らは山の中のある場所へ行きました。天気は晴れで，涼しかったです。アンドリューは屋外にいて，そこで本物の岩を登ることがとても気に入りました。

それ以降，アンドリューは毎週末にロッククライミングをしに行きました。ときどき，クライミングをするためにほかの場所へ旅行もしました。昨年の夏休みに，彼は友だちといっしょにカリフォルニアへ行き，そこで2週間クライミングをしました。彼はまたすぐにクライミングを始めたいと思っています。

(31) 解答 ①

質問の訳　「アンドリューはなぜ最近忙しいのですか」

選択肢の訳
1　彼はいくつかのテストのために勉強をしている。
2　彼の授業が難しい。
3　彼は大学に行き始めた。
4　彼はアルバイトを得た。

解説　these days は「この頃，最近」という意味です。アンドリューが最近忙しい理由については，第1段落の2文目に These days, he is very busy because he is studying for some big tests. と書かれています。study for ～ は「～のために勉強をする」という意味です。

(32) 解答 ④

質問の訳　「アンドリューはいつロッククライミングを始めましたか」

選択肢の訳　1　約2年前。　2　約3年前。　3　約4年前。　4　約5年前。

解説　アンドリューがいつロッククライミングを始めたかについては，第2段落の1文目に Andrew started rock climbing about five years ago. と書かれています。ago は「(今から) ～前に」という意味です。

(33) 解答 ③

質問の訳　「アンドリューはジムの中でクライミングをすることについてどう

134

思いましたか」

選択肢の訳
1 彼はそれが少し好きだった。
2 彼はそれが大好きだった。
3 彼はそれが好きではなかった。
4 彼はまた行きたいと思っている。

解　説
第2段落の2文目 His friend took him to a climbing gym. から，友だちがアンドリューをジムに連れて行ったことがわかります。そして3文目後半の … and people were climbing the wall と4文目の Andrew tried it, but he didn't like it. から，ジムの壁登りに挑戦したけれど好きではなかったことがわかります。

(34) 解答 ①

質問の訳　「アンドリューは毎週末に何をしましたか」
選択肢の訳
1 彼はロッククライミングをしに行った。
2 彼はアメリカ合衆国を旅して回った。
3 彼はクライミングのジムへ行った。
4 彼は自分の学校へ行った。

解　説
質問の every weekend「毎週末」に注目します。アンドリューが毎週末に何をしたかは，第3段落の1文目に After that, Andrew went rock climbing every weekend. と書かれています。この that は，第2段落で説明されている山で本物の岩に登ったときのことを指しています。

(35) 解答 ①

質問の訳　「アンドリューは昨年の夏休みに何をしましたか」
選択肢の訳
1 彼はカリフォルニアへ行った。
2 彼はテストを受けた。
3 彼はある大学を訪れた。
4 彼は家にいた。

解　説
last summer vacation「昨年の夏休み」のことについては，第3段落の3文目に Last summer vacation, he went to California with his friend and climbed there for two weeks. と説明されています。この there は「カリフォルニアで」ということです。

| リスニング | 第**1**部 | 問題編 P102〜104 | 🔊 ▶MP3 ▶アプリ ▶CD 3 **1**〜**11** |

[例題] 解答 ③

放送文
★：Hi, my name is Yuta.

☆：Hi, I'm Kate.

★：Do you live near here?

   1 I'll be there.   **2** That's it.

   3 Yes, I do.

放送文の訳
★：「やあ，ぼくの名前はユウタだよ」

☆：「こんにちは，私はケイトよ」

★：「君はこの近くに住んでいるの？」

   1 私はそこへ行くわ。   **2** それだけよ。

   3 ええ，そうよ。

No.**1** 解答 ①

放送文
★：Are you hungry?

☆：Yeah.

★：I have some doughnuts. Would you like one?

   1 Thanks a lot.

   2 Sorry about that.

   3 It's one o'clock.

放送文の訳
★：「おなかはすいてる？」

☆：「ええ」

★：「ドーナツがあるんだ。1つどう？」

   1 どうもありがとう。

   2 そのことはごめんなさい。

   3 1時よ。

解説
男性の Would you like 〜? は「〜はどうですか」と相手にすすめるときの表現で，ここでは女性に one＝a doughnut「ドーナツ」をすすめています。これに対応する発話は，相手にお礼を言っている **1** の Thanks a lot. です。

No. 2　解答 2

放送文　☆ : Hi, Daniel.　Where's your father?

★ : He went to the store, Mom.

☆ : When will he come home?

1　For some vegetables.

2　About six thirty.

3　In the kitchen.

放送文の訳　☆ :「ねえ，ダニエル。お父さんはどこにいるの」

★ :「お店に行ったよ，お母さん」

☆ :「いつ家に帰って来るかしら」

1　野菜を買いにだよ。

2　6時30分頃だよ。

3　台所にだよ。

解 説　最後の質問は When「いつ」で始まっていて，he ＝ your father が店からいつ家に帰って来るかをたずねています。About six thirty. と具体的な時刻を答えている **2** が正解です。

No. 3　解答 2

放送文　☆ : Did you go to the zoo yesterday?

★ : Yes, it was great.

☆ : What did you like the best?

1　Let's bring lunch.

2　The monkeys.

3　For five hours.

放送文の訳　☆ :「昨日は動物園へ行ったの？」

★ :「うん，とてもよかったよ」

☆ :「何がいちばん気に入った？」

1　昼食を持っていこう。

2　サルだよ。

3　5時間だよ。

解 説　like ～ the best は「～がいちばん好きだ」という意味で，女の子は男の子に zoo「動物園」で何（＝どの動物）がいちばん気に入ったかをたずねています。具体的な動物名を答えているのは **2**

137

で，monkeys は monkey「サル」の複数形です。

No.4　解答 **1**

放送文　★：I made this for the first time.

☆：Really?

★：Yes. How do you like it?

   1　I love it.

   2　Here it is.

   3　I'll get it.

放送文の訳　★：「これを初めて作ったんだよ」

☆：「本当？」

★：「うん。どうかな？」

   1　とても気に入ったわ。

   2　はい，どうぞ。

   3　私がそれを取ってくるわ。

解説　How do you like ～? は「～はどうですか，～を気に入りましたか」という意味で，男性は自分が初めて作った料理について女性にたずねています。料理の感想を love「～が大好きだ，～がとても気に入った」を使って述べている **1** が正解です。

No.5　解答 **2**

放送文　☆：Who's that?

★：My sister.

☆：What does she do?

   1　I'm fourteen.

   2　She's an artist.

   3　It's a nice party.

放送文の訳　☆：「それはだれなの？」

★：「ぼくの姉[妹]だよ」

☆：「お姉さん[妹さん]は何をしているの？」

   1　ぼくは14歳だよ。

   2　彼女は芸術家だよ。

   3　それはすてきなパーティーだよ。

解説 写真に写っている男の子の sister「姉［妹］」が話題です。What does ～ do? は「～は何［どんな仕事］をしていますか」という意味で，職業などをたずねる表現です。artist「芸術家，画家」だと職業を答えている **2** が正解です。

No.6 解答 ③

放送文 ★：I had a tennis match on Saturday.

☆：How was it?

★：I won!

   1 No, I didn't.

   2 Maybe next time.

   3 Well done.

放送文の訳 ★：「土曜日にテニスの試合があったんだ」

☆：「どうだった？」

★：「ぼくが勝ったよ！」

   1 ううん，そうしなかったわ。

   2 また今度ね。

   3 よくやったわね。

解説 won は win「勝つ」の過去形で，数字の one と同じ発音です。男の子は土曜日にあった tennis match「テニスの試合」で勝ったと言っているので，相手がしたことをほめるときに使う **3** の Well done.「よくやった」が正解です。

No.7 解答 ①

放送文 ☆：What is your report about?

★：Dolphins.

☆：I'm writing about snakes.

   1 That sounds interesting.

   2 Next to your desk.

   3 Only four pages.

放送文の訳 ☆：「あなたのレポートは何についてなの？」

★：「イルカだよ」

☆：「私はヘビについて書いているわ」

21年度第1回 リスニング

139

1 それはおもしろそうだね。

2 君の机のとなりだよ。

3 4ページだけだよ。

解　説 何について report「レポート」を書いているかが話題です。女の子が snakes「ヘビ」について書いていることを聞いた反応として適切なのは **1** で，That sounds ～ は「～のように聞こえる[思える]」，interesting は「おもしろい，興味深い」という意味です。

No.8 解答 ③

放送文 ★：Is it raining?

☆：Yes.

★：Oh no. I have to walk home, and I don't have an umbrella.

    1 I was on the same train.

    2 That's kind of you.

    3 You should buy one.

放送文の訳 ★：「雨は降ってる？」

☆：「ええ」

★：「困ったな。歩いて家に帰らなくちゃいけなくて，かさを持ってないんだ」

    1 私は同じ電車に乗っていたわ。

    2 親切にありがとう。

    3 1本買ったほうがいいわ。

解　説 Is it raining? と Yes. から雨が降っていることがわかり，男性は umbrella「かさ」を持っていないと言っています。You should ～「～したほうがいい」を使って buy one (＝an umbrella)「(かさを) 1本買う」ことをすすめている **3** が適切な応答です。

No.9 解答 ①

放送文 ☆：What time is the meeting?

★：It starts at one.

☆：I'll have lunch before it starts.

    1 OK, see you later.

    2 No, thank you.

140

3 Yes, I made it myself.

放送文の訳 ☆：「打ち合わせは何時なの？」

★：「1時に始まるよ」

☆：「始まる前に私は昼食を食べるわ」

1 わかった，じゃあ，また後で。

2 ううん，いらない。

3 うん，自分でそれを作ったんだ。

解　説 I'll have lunch before it starts. の it は the meeting「打ち合わせ」を指しています。打ち合わせが始まる前に昼食を食べるという女性の発話に対する応答になっているのは **1** で，see you later は「じゃあ，また後で」という意味です。

No.10 解答 ②

放送文 ☆：What are you doing?

★：Playing a math game.

☆：Can I try it?

1 Thanks, I will.

2 Sure, go ahead.

3 For my homework.

放送文の訳 ☆：「何をしているの？」

★：「数学のゲームをやってるんだ」

☆：「私もやってみていい？」

1 ありがとう，そうするよ。

2 いいよ，どうぞ。

3 ぼくの宿題のためだよ。

解　説 Can I try it? の Can I 〜? は「〜してもいいですか」と許可を求める表現で，it は男の子がやっている a math game「数学のゲーム」を指しています。正解 **2** の Sure は「いいですよ，もちろん」と答える表現で，go ahead は「どうぞ，かまいませんよ」という意味です。

21年度第1回 リスニング

141

リスニング　**第2部**　問題編 P104〜105　🔊　▶ MP3 ▶ アプリ
　▶ CD 3 **12** 〜 **22**

No.11 解答 ②

放送文　☆：I got tickets to the Rockman concert.
　　　★：Me, too. When will you go?
　　　☆：On Saturday evening.
　　　★：I'll go on Sunday afternoon.
　　　　Question: When will the girl go to the concert?

放送文の訳　☆：「ロックマンのコンサートのチケットを手に入れたわ」
　　　★：「ぼくもだよ。君はいつ行くの？」
　　　☆：「土曜日の夜よ」
　　　★：「ぼくは日曜日の午後に行くよ」

質問の訳　「女の子はいつコンサートに行きますか」

選択肢の訳　**1**　土曜日の午後に。　　　**2**　土曜日の夜に。
　　　　　3　日曜日の午後に。　　　**4**　日曜日の夜に。

解　説　the Rockman concert「ロックマンのコンサート」が話題です。When will you go? という男の子の質問に，女の子は On Saturday evening. と答えています。男の子がコンサートに行く on Sunday afternoon と混同しないように注意します。

No.12 解答 ④

放送文　☆：I like this pink T-shirt, but it's $20.
　　　★：How about this white one?
　　　☆：How much is it?
　　　★：It's only $12.
　　　　Question: How much is the pink T-shirt?

放送文の訳　☆：「このピンクの T シャツが気に入ったけど，20 ドルだわ」
　　　★：「この白の T シャツはどう？」
　　　☆：「それはいくら？」
　　　★：「たった 12 ドルだよ」

質問の訳　「ピンクの T シャツはいくらですか」

142

選択肢の訳 　**1** 10ドル。　**2** 12ドル。　**3** 15ドル。　**4** 20ドル。

解説 　女性が最初に I like this pink T-shirt, but it's $20. と言っているので，**4** が正解です。$20 は twenty dollars と読みます。**2** の $12（=twelve dollars）は this white one の値段で，この one という語は T-shirt のかわりに使われています。

No.13 解答 **1**

放送文
★：I'm home, Mom.
☆：Hi, Steve. Where's your lunchbox?
★：Oh, no, I left it in my desk at school.
☆：Not again! Bring it home tomorrow.
Question: Why is Steve's mother angry?

放送文の訳
★：「ただいま，お母さん」
☆：「お帰りなさい，スティーブ。お弁当箱はどこにあるの？」
★：「うわ，しまった，学校の机の中に置き忘れてきちゃった」
☆：「またなの！　明日，家に持って帰ってきなさい」

質問の訳 　「スティーブの母親はなぜ怒っていますか」

選択肢の訳 　**1** スティーブは自分の弁当箱を忘れた。
　2 スティーブは学校に遅刻した。
　3 スティーブは昼食を食べなかった。
　4 スティーブは宿題をしなかった。

解説 　母親から Where's your lunchbox? とたずねられたスティーブは，Oh, no, I left it in my desk at school. と答えています。left は leave「～を置き忘れる」の過去形で，正解の選択肢 **1** ではかわりに forget「～を忘れる」の過去形 forgot が使われています。

No.14 解答 **3**

放送文
☆：Hi, Sam. Are you feeling better today?
★：Yes, I am, Jane.
☆：Did you go to the doctor yesterday?
★：Yes, my mother took me after school.
Question: What did Sam do after school yesterday?

143

放送文の訳 ☆:「こんにちは，サム。今日は気分がよくなっているの？」

★:「うん，そうだよ，ジェーン」

☆:「昨日，医者に行ったの？」

★:「うん，母が放課後に連れて行ってくれたよ」

質問の訳 「サムは昨日の放課後に何をしましたか」

選択肢の訳 **1** 彼はジェーンといっしょに勉強した。

2 彼は母親の手伝いをした。

3 彼は医者へ行った。

4 彼は駅でジェーンに会った。

解 説 女の子の Did you go to the doctor yesterday? に対して，サムは Yes と答えた後，my mother took me after school と続けています。took は take「～を連れて行く」の過去形で，ここでは母親がサムを医者へ連れて行ったということです。

No.15 解答 ①

放送文 ★:I'd like to send this box to France.

☆:OK. Anything else?

★:Yes. Twelve stamps, please.

☆:Here you are.

Question: Where are they speaking?

放送文の訳 ★:「この箱をフランスへ送りたいのですが」

☆:「わかりました。何か他にありますか」

★:「はい。切手を 12 枚ください」

☆:「はい，どうぞ」

質問の訳 「彼らはどこで話していますか」

選択肢の訳

1 郵便局で。	**2** 銀行で。
3 花屋で。	**4** バスの発着所で。

解 説 男性の I'd like to send this box to France.「この箱をフランスへ送りたいのですが」や Twelve stamps, please.「切手を 12 枚ください」から，男性が post office「郵便局」に来ている場面だとわかります。

144

No.16 解答 ①

放送文
★：Why do you have that big bag, Karen?
☆：I'm going to my aunt's house.
★：Will you stay there tonight?
☆：Yes. I'll be back on Sunday.
　　Question: What is Karen going to do tonight?

放送文の訳
★：「どうしてその大きなかばんを持っているの，カレン？」
☆：「おばの家へ行くの」
★：「今夜はそこに泊まるの？」
☆：「そうよ。日曜日に戻って来るわ」

質問の訳　「カレンは今夜，何をする予定ですか」

選択肢の訳
1　おばの家に泊まる。　　　2　ホテルに泊まる。
3　新しいかばんを買う。　　4　男の子の家へ行く。

解説　I'm going to my aunt's house. からカレンがおばの家へ行くことがわかります。また，男の子の Will you stay there tonight? という質問に Yes. と答えているので，カレンは今夜おばの家に泊まることがわかります。正解 **1** の Stay at ～ は「～に泊まる」という意味です。

No.17 解答 ④

放送文
★：I can't find my math notebook, Mom.
☆：Is it on your desk?
★：No.
☆：Maybe you left it at school.
　　Question: What is the boy's problem?

放送文の訳
★：「ぼくの数学のノートが見つからないんだ，お母さん」
☆：「それはあなたの机の上にある？」
★：「ううん」
☆：「あなたはそれを学校に置き忘れたのかもね」

質問の訳　「男の子の問題は何ですか」

選択肢の訳
1　彼の机が壊れている。
2　彼は学校に遅刻する。
3　彼の数学の授業が難しい。

21年度第1回　リスニング

145

4 彼は自分のノートを見つけることができない。

解説 the boy's problem「男の子の問題」が何であるかは，最初の I can't find my math notebook, Mom. から判断します。can't find ～ は「～が見つからない」，math notebook は「数学のノート」という意味です。

No. 18 解答 ④

放送文 ★：Let's study together today.

☆：OK, but I have a piano lesson at four.

★：How about 5:30? We can meet at the library.

☆：OK.

Question: What time will they meet at the library?

放送文の訳 ★：「今日いっしょに勉強しようよ」

☆：「いいわよ，でも４時にピアノのレッスンがあるの」

★：「５時30分はどう？　図書館で会えるね」

☆：「わかったわ」

質問の訳 「彼らは何時に図書館で会いますか」

選択肢の訳 1　４時に。　　　　　　　2　４時30分に。

3　５時に。　　　　　　　4　５時30分に。

解説 meet は「会う」という意味です。男の子の How about 5:30? We can meet at the library. に対して，女の子は OK. と答えています。時刻の 5:30 は five thirty と読みます。選択肢 **1** の 4:00 は，女の子の a piano lesson「ピアノのレッスン」がある時間です。

No. 19 解答 ①

放送文 ★：Mom, can you make a strawberry cheesecake for dessert?

☆：We don't have any strawberries.

★：How about a chocolate cake?

☆：OK.

Question: What will the boy's mother make for dessert?

放送文の訳 ★：「お母さん，デザートにイチゴのチーズケーキを作ってくれる？」

☆：「イチゴはないわよ」

146

★：「チョコレートケーキはどう？」

☆：「わかったわ」

質問の訳　「男の子の母親はデザートに何を作りますか」

選択肢の訳　1　チョコレートケーキ。　　2　チーズケーキ。
　　　　　　　3　イチゴケーキ。　　　　　4　フルーツサラダ。

解説　男の子の Mom, can you make a strawberry cheesecake for dessert? に対して，母親は We don't have any strawberries. とイチゴがないことを伝えているので，3は不正解です。その後の How about a chocolate cake? に対して母親は OK. と答えているので，1が正解です。

No. 20 解答 ④

放送文　☆：Look, Kevin. I got this ring for my birthday!

　　　★：It's beautiful, Jane. Is it from your mother?

　　　☆：No, my grandmother gave it to me.

　　　★：Great.

　　　Question: Who gave Jane the ring?

放送文の訳　☆：「見て，ケビン。誕生日にこの指輪をもらったの！」

　　　★：「きれいだね，ジェーン。それはお母さんからなの？」

　　　☆：「ううん，祖母が私にそれをくれたの」

　　　★：「すごいね」

質問の訳　「だれがジェーンに指輪をあげましたか」

選択肢の訳　1　ケビン。　　　　　　　2　彼女の父親。
　　　　　　　3　彼女の母親。　　　　　4　彼女の祖母。

解説　ジェーンが誕生日にもらった ring「指輪」が話題です。ケビンの Is it from your mother? に対してジェーンは No と答えているので，3は不正解です。No, の後の my grandmother gave it to me に正解が含まれています。gave は give「～をあげる」の過去形です。

21年度第1回　リスニング

147

| リスニング | 第**3**部 | 問題編 P105〜106 | 🔊 | ▶MP3 ▶アプリ ▶CD 3 **23** 〜 **33** |

No. 21 解答 ③

放送文
Last week, Tom and Donna wrote reports for their English class.　Tom's report was about baseball. Donna's report was about pandas.
Question: Whose report was about pandas?

放送文の訳
「先週，トムとドナは彼らの英語の授業のレポートを書きました。トムのレポートは野球についてでした。ドナのレポートはパンダについてでした」

質問の訳
「だれのレポートがパンダについてでしたか」

選択肢の訳
1　トムの（レポート）。　　　　2　トムの姉[妹]の（レポート）。
3　ドナの（レポート）。　　　　4　ドナの姉[妹]の（レポート）。

解説
質問の〈Whose＋名詞〉は「だれの〜」という意味です。Tom's report → about baseball「野球について」と，Donna's report → about pandas「パンダについて」の2つの情報を聞き分けることがポイントです。

No. 22 解答 ②

放送文
My family has a garden with many flowers.　I often play there with my sister.　But we can't when it's raining.
Question: What is the boy talking about?

放送文の訳
「ぼくの家族は，たくさんの花がある庭を持っています。ぼくはよくそこで姉[妹]といっしょに遊びます。でも，雨が降っているときはぼくたちは遊べません」

質問の訳
「男の子は何について話していますか」

選択肢の訳
1　今日の天気。　　　　　　　2　彼の家族の庭。
3　彼の大好きな花。　　　　　4　彼の家の近くにある公園。

解説
最初の My family has a garden with many flowers. から，自分の家にある garden「庭」が話題だとわかります。3文目の But we can't の後には，play there「そこ（庭）で遊ぶ」が省略され

148

ています。

No. 23 解答 **4**

放送文 Janet goes to singing lessons every Tuesday afternoon, and next weekend, she'll sing in a singing contest. She wants to be a singer one day.

Question: When will the singing contest be?

放送文の訳 「ジャネットは毎週火曜日の午後に歌のレッスンへ行っていて，そして来週末に，歌のコンテストで歌います。彼女はいつか歌手になりたいと思っています」

質問の訳 「歌のコンテストはいつですか」

選択肢の訳
1 今日。　　　　　　　　　　　2 明日。
3 来週の火曜日の午後。　　　　4 来週末。

解説 singing contest「歌のコンテスト」がいつあるかについては，1文目後半で …, and next weekend, she'll sing in a singing contest と説明されています。weekend は「週末」，one day は「いつか」という意味です。

No. 24 解答 **2**

放送文 Charles usually eats eggs and toast for breakfast, but today, he had pancakes. His mother cooked sausages, too, but Charles didn't have any.

Question: What did Charles have for breakfast today?

放送文の訳 「チャールズは普段，朝食に卵とトーストを食べますが，今日はパンケーキを食べました。彼の母親はソーセージも料理しましたが，チャールズはまったく食べませんでした」

質問の訳 「チャールズは今日，朝食に何を食べましたか」

選択肢の訳
1 ソーセージ。　　　　　　　　2 パンケーキ。
3 トースト。　　　　　　　　　4 卵。

解説 1文目の …, but today, he had pancakes から，**2** が正解です。His mother cooked sausages, too, but Charles didn't have any. から，母親が料理した sausages「ソーセージ」は食べなかったことがわかります。toast や eggs はチャールズが普段食べる朝

21年度第1回 リスニング

149

食です。

No. 25 解答 ④

放送文
After school, I often go to my friend Andrew's house, and we study together. Sometimes we play computer games, too. Andrew has lots of great games.

Question: Where does the boy often go after school?

放送文の訳
「放課後に，ぼくはよく友だちのアンドリューの家へ行って，いっしょに勉強します。ときどき，ぼくたちはコンピューターゲームもします。アンドリューはとてもいいゲームをたくさん持っています」

質問の訳「男の子は放課後によくどこへ行きますか」

選択肢の訳
1　図書館へ。　　　　　　　2　大事な試合へ。
3　コンピュータークラブへ。　4　彼の友だちの家へ。

解説
男の子が after school「放課後」にどこへ行くかは，1文目でAfter school, I often go to my friend Andrew's house と説明されています。my friend Andrew's house は「ぼくの友だちのアンドリューの家」という意味です。

No. 26 解答 ③

放送文
I'll go on a picnic with my friends today. My friends will bring some food. I'll bring some drinks, so I need to go to the store.

Question: What does the man need to do?

放送文の訳
「ぼくは今日，友だちといっしょにピクニックに行きます。ぼくの友だちは食べ物を持ってきます。ぼくは飲み物を持っていくので，店に行く必要があります」

質問の訳「男性は何をする必要がありますか」

選択肢の訳
1　食べ物を買う。　　　　　2　水を飲む。
3　店へ行く。　　　　　　　4　彼の友だちに電話する。

解説
need to ～ は「～する必要がある」という意味です。最後の …, so I need to go to the store から，3が正解です。so「だから，それで」は，その前にある I'll bring some drinks を受けて「ぼくは飲み物を持っていくので，それで」ということです。

150

No. 27 解答 ①

放送文
Tim's friends went to watch a soccer game yesterday. Tim had a fever, so he stayed at home. He wants to go with them next time.

Question: Why did Tim stay at home yesterday?

放送文の訳
「ティムの友だちは昨日，サッカーの試合を見に行きました。ティムは熱があったので，家にいました。彼は次回は彼らといっしょに行きたいと思っています」

質問の訳
「ティムは昨日，なぜ家にいましたか」

選択肢の訳
1 彼は熱があった。
2 彼は自分の部屋を掃除しなければならなかった。
3 彼はサッカーが好きではない。
4 彼はゲームをしたかった。

解説
stay at home は「家にいる」という意味です。…, so he stayed at home の so「だから」は，その前にある Tim had a fever「ティムは熱があった」を受けていて，これが a soccer game「サッカーの試合」に行かないで家にいた理由です。

No. 28 解答 ④

放送文
Jeff loves animals. He has two cats, and he often reads books about animals in Africa. He wants to work at a zoo in the future.

Question: What does Jeff want to do in the future?

放送文の訳
「ジェフは動物が大好きです。彼は2匹の猫を飼っていて，よくアフリカの動物に関する本を読みます。彼は将来，動物園で働きたいと思っています」

質問の訳
「ジェフは将来，何をしたいですか」

選択肢の訳
1 ペットの猫を手に入れる。　**2** アフリカに住む。
3 本を書く。　**4** 動物園で働く。

解説
in the future は「将来」という意味です。ジェフが将来したいことについては，最後の文で He wants to work at a zoo in the future. と説明されています。work at ～ は「～で働く」，zoo は「動物園」という意味です。

21年度第1回　リスニング

151

No. 29 解答 ③

放送文
It was my 10th birthday yesterday. My parents gave me four puzzles. I did one this morning. I'll try to do two more puzzles tonight.

Question: How many puzzles did the girl get for her birthday?

放送文の訳
「昨日は私の10歳の誕生日でした。両親が私に4つのパズルをくれました。今朝，1つやりました。今夜，もう2つのパズルをやってみるつもりです」

質問の訳
「女の子は誕生日にいくつのパズルをもらいましたか」

選択肢の訳
1 1個。　　**2** 2個。　　**3** 4個。　　**4** 10個。

解説
〈How many＋複数名詞〉は「いくつの〜」，puzzles は「パズル」という意味です。My parents gave me four puzzles. から，**3** が正解です。今朝の I did one や，今夜の I'll try to do two more puzzles を聞いて **1** や **2** を選ばないように注意します。

No. 30 解答 ②

放送文
I want to buy something on the Internet, but it's too difficult. I'll call my daughter tomorrow. She knows a lot about computers, so she can help me.

Question: What is the man trying to do?

放送文の訳
「私はインターネットで買い物をしたいのですが，それは難しすぎます。明日，私の娘に電話します。娘はコンピューターについてたくさん知っているので，手伝ってもらえます」

質問の訳
「男性は何をしようとしていますか」

選択肢の訳
1 彼の娘を手伝う。　　　　　**2** インターネットで何かを買う。
3 彼のコンピューターを売る。　**4** Eメールを送る。

解説
最初の I want to buy something on the Internet が，男性がしたいと思っていることです。buy something on the Internet は「インターネットで買い物をする」という意味です。she can help me の she は my daughter「私の娘」を指していて，インターネットでの買い物を娘が手伝ってくれるということです。

2020-3

筆記解答・解説　P154〜166

リスニング解答・解説　P166〜182

解答一覧

筆記

1

(1)	2	(6)	2	(11)	4
(2)	2	(7)	1	(12)	3
(3)	2	(8)	4	(13)	3
(4)	4	(9)	3	(14)	2
(5)	3	(10)	2	(15)	3

2

(16)	3	(18)	4	(20)	1
(17)	3	(19)	1		

3

(21)	2	(23)	2	(25)	3
(22)	2	(24)	1		

4 A / **4 B**

(26)	4	(28)	4
(27)	2	(29)	1
		(30)	4

4 C

(31)	2	(33)	3	(35)	4
(32)	4	(34)	2		

リスニング

第1部

No. 1	1	No. 5	2	No. 9	1
No. 2	3	No. 6	1	No.10	2
No. 3	2	No. 7	3		
No. 4	3	No. 8	3		

第2部

No.11	2	No.15	1	No.19	3
No.12	1	No.16	2	No.20	3
No.13	4	No.17	4		
No.14	2	No.18	2		

第3部

No.21	4	No.25	2	No.29	4
No.22	2	No.26	1	No.30	3
No.23	3	No.27	4		
No.24	1	No.28	3		

| 筆 記 | **1** | 問題編 P108〜110 |

(1) 解答 **2**

訳

A「どこで昼食を食べようか」

B「カフェテリアで食べましょう。そこの食べ物はおいしいわ」

| 1 消防署 | 2 カフェテリア |
| 3 郵便局 | 4 バス停 |

解説 Where は「どこで」という意味で，A は B にどこで lunch「昼食」を食べるかたずねています。B の at 〜「〜で」は，場所を表す前置詞です。選択肢のうちで食事をとることができる場所は，**2** の cafeteria「カフェテリア」です。

(2) 解答 **2**

訳

A「今日の午後は雨が降るわよ。かさを持っていってね」

B「わかったよ，お母さん」

| 1 鏡 | 2 かさ | 3 シャワー | 4 雲 |

解説 rain は「雨が降る」，take は「〜を持っていく」という意味です。It's going to rain this afternoon. から，母親の A が 2 文目で B に持っていくように言っているのは umbrella「かさ」だとわかります。

(3) 解答 **2**

訳 「さて，みなさん，10 ページの世界地図を見てください。中国はどこにありますか」

| 1 休日 | 2 地図 | 3 シャワー | 4 映画 |

解説 look at 〜 は「〜を見る」という意味です。Where is China? と China「中国」がある場所をたずねているので，見るように指示しているのは world map「世界地図」です。

(4) 解答 **4**

訳 「その列車は朝とても早くに駅に到着しました」

| 1 作った | 2 働いた | 3 与えた | 4 到着した |

154

解説 主語が The train「列車，電車」であることと，空所の後に at the station「駅に」がきていることから，arrive「到着する」の過去形 arrived が正解です。arrive at ～（場所）で「（場所）に到着する」という意味です。

(5) 解答 **3**

訳 A「すみません。お金を落としましたよ」

B「あら，ありがとうございます！」

1 学んだ		2 確認した	
3 落とした		4 ブラシをかけた	

解説 空所に入る動詞の目的語になる some money とのつながりから，drop「～を落とす」の過去形 dropped を入れます。A が，お金を落とした B にそのことを伝え，B がお礼を述べている場面です。

(6) 解答 **2**

訳 A「ジャック。この帽子は君のもの，**それとも**君のお兄さん[弟さん]のもの？」

B「兄[弟]のものだよ」

1 ～へ　　2 **それとも**　　3 だから　　4 しかし

解説 cap は「（縁のない）帽子」です。yours「あなたのもの」は your cap，your brother's「あなたのお兄さん[弟さん]のもの」は your brother's cap のことです。この2つをつなげるのは or「それとも」で，A or B「A それとも B」の形になっています。

(7) 解答 **1**

訳 A「うわ，困ったな！　雨が降っているよ，リサ」

B「すぐに**やむ**わよ，ジム。あのコーヒーショップで待ちましょう」

1 **やむ**　　2 勉強する　　3 試す　　4 聞く

解説 リサはジムの It's raining「雨が降っている」に対して It'll (　) soon「（雨は）すぐに～」と応答していることと，続けて Let's wait in ～「～で待ちましょう」と提案していることから，stop「やむ，止まる」が正解です。

(8) 解答 **4**

訳　「私の家族はスポーツが好きです。例えば，お父さんは水泳が好きで，お母さんはテニスをして，私はサッカーをします」

1　理由　　　　　　　　　　　2　答え
3　質問　　　　　　　　　　　4　**(For example で) 例えば**

解説　空所の前にある For とのつながりと，1文目の My family likes sports. の具体的な内容を2文目で説明していることから，For example「例えば」という表現にします。

(9) 解答 **3**

訳　「新しくできた中華料理のレストランは，メニューにたくさんの種類の料理があります。それらはみんなとてもおいしいです」

1　〜から

2　〜へ

3　**(many kinds of 〜 で) たくさんの種類の〜**

4　〜のそばに

解説　空所の前の many kinds とつながるのは of で，many kinds of 〜 で「たくさんの種類の〜」という意味の表現になります。ここでの kind は「種類」という名詞として使われています。

(10) 解答 **2**

訳　「リュウスケはパイロットです。彼は仕事で世界中に行きます」

1　離れて　　　2　**(all over the world で) 世界中に**
3　〜の中へ　　4　〜の後に

解説　空所の前後にある all と the world に注目して，all over the world「世界中（いたるところ）に」という表現にします。for his job は「彼の仕事で」という意味です。

(11) 解答 **4**

訳　A「君は普段友だちと何について話すの，ローラ？」
　　　B「好きな映画と本よ」

1　〜の後に

2　〜のように

156

3 〜に反対して

4（talk about 〜 で）〜について話す

解説 空所の前にある動詞 talk「話す」とのつながりがポイントで, talk about 〜「〜について話す」という表現にします。A の発話は, ローラが普段友だちと話す話題をたずねる疑問文になっています。favorite は「大好きな, お気に入りの」という意味です。

(12) 解答 ❸

訳 「昨夜, 私の祖父は初めて寿司を食べました。祖父は寿司がとても気に入りました」

1 〜から **2** 〜の前に

3（for the first time で）初めて **4** 〜の後に

解説 ate は eat「〜を食べる」の過去形です。空所の後の the first time とつながるのは for で, for the first time で「初めて」という意味の表現になります。2 文目の最後の it は sushi「寿司」のことです。

(13) 解答 ❸

訳 「ぼくはこの帽子があの帽子より好きです」

解説 空所の後に than「〜より」があるので, 比較級の better が入ります。like A better than B「A が B より好き」の形で覚えておきましょう。ここでは this cap「この帽子」と that one（＝cap）「あの帽子」が比較されています。

(14) 解答 ❷

訳 A「今日は日曜日よ, ベン。どうして学校へ行くの？」
B「今日はサッカークラブの練習があるんだ」

1 いつ **2** なぜ **3** 何が[を] **4** どこへ

解説 A の It's Sunday today, Ben. と B の The soccer club has practice today. との意味的な関係を考えて, A は 2 文目で「（日曜日なのに）どうして学校へ行くのか」をたずねていることを予想します。正解 **2** の Why「なぜ, どうして」は, 理由をたずねる疑問詞です。

20年度第3回 筆記

(15) 解答 3

訳 「キャロルは昨日，駅でおじのボブに会いました」

解説 選択肢を見ると，meet「～に会う」の形がポイントになっていることがわかります。文末に yesterday「昨日」とあるので，meet の過去形 met が正解です。主語は3人称単数の Carol ですが，**4** の meets は現在形なので不正解です。

| 筆 記 | **2** | 問題編 P111～112 |

---

(16) 解答 3

訳 女の子1「あれはだれの車なの？」
女の子2「私のおじのものよ。おじはマイアミから来ているの」
1 私はバスに乗ったわ。
2 私の兄[弟]は車を運転できないの。
3 それは私のおじのものよ。
4 あなたのお父さんによろしく言ってね。

解説 whose は who の所有格で，〈Whose＋名詞〉は「だれの～」という意味です。だれの車であるかを答えているのは**3**で，my uncle's は my uncle's car「私のおじの車」ということです。

(17) 解答 3

訳 男の子1「ぼくのお父さんが今週末にマラソンを走るんだ」
男の子2「本当？　お父さんはよく走るの？」
男の子1「うん，毎朝ね」
1 あれはお父さんのくつなの？
2 もう用意はできてる？
3 お父さんはよく走るの？
4 趣味はある？

解説 最後の Yes, every morning.「うん，毎朝ね」が答えとなる質問はどの選択肢かを確認します。正解**3**の he は男の子1の父親を指していて，男の子1の父親が run often「よく[頻繁に]走る」かど

158

うかをたずねています。

(18) 解答 **4**

訳
娘「お父さん，これはお父さんのペン？」
父親「うん，そうだよ。どこにあったの？」
娘「テーブルの上よ」
1　何が必要なの？　　　　　　　2　いくつ持っているの？
3　だれがそれを買ったの？　　　**4　それはどこにあったの？**

解説
娘は最後に On the table. と場所を答えているので，その前の質問として適切なのは Where「どこに」で始まっている **4** です。it は娘が父親に見せた pen を指していて，ペンがどこにあったかをたずねています。

(19) 解答 **1**

訳
母親「テニスの試合を見て楽しんだ，スコット？」
息子「すごくわくわくしたよ。ぼくの大好きな選手が勝ったんだ」
1　すごくわくわくしたよ。
2　ラケットをありがとう。
3　ぼくは野球部に入っているよ。
4　それは明日始まるよ。

解説
enjoy 〜ing は「〜して楽しむ」という意味で，母親は息子に tennis match「テニスの試合」を見て楽しんだかどうかたずねています。テニスの試合を見た感想を述べている **1** が正解で，exciting は「（人を）わくわくさせる」という意味です。

(20) 解答 **1**

訳
父親「おはよう，ポール。朝食に何を食べたい？」
息子「お腹がすいていないんだ。ジュースを1杯だけ飲みたい」
1　朝食に何を食べたい？
2　店で何を買ったの？
3　そのカップはいくらだったの？
4　今日は学校へどうやって行くの？

解説
息子の I'm not hungry. I just want 〜「お腹がすいていないん

20年度第3回　筆記

159

だ。～だけほしい」とのつながりから，朝食に何を食べたいかをたずねている **1** が正解です。What would you like ～? は「何がほしい[食べたい]ですか」，for breakfast は「朝食に」という意味です。

| 筆 記 | **3** | 問題編 P112〜113 |

(21) 解答 **2**

正しい語順 You (don't have to wait for) me at the station.

解 説 「～はありません」という否定文なので，主語 You の後は〈don't＋動詞〉になります。「～する必要はない」は〈don't have to＋動詞の原形〉の形で覚えておきましょう。to の後に続く wait は「待つ」という意味で，「～を待つ」は wait for ～ とします。

(22) 解答 **2**

正しい語順 Could you (tell me the way to the stadium), please?

解 説 文頭の Could you ～?「～していただけませんか」の後には動詞の tell が続き，〈tell＋(人)＋～〉「(人)に～を教える」の形で使います。「スタジアムへの道」は「道」+「スタジアムへの」の語順で考えて，the way to the stadium とします。

(23) 解答 **2**

正しい語順 I (can't remember the name of the book).

解 説 主語 I の後に，「～を思い出せません」の部分になる can't remember をつなげます。can't は can の否定形で，「～できない」という意味です。「その本の題名」は「名前」+「その本の」と考えて，the name of the book とします。

(24) 解答 **1**

正しい語順 (What do you think of) your new school?

解 説 「～をどう思いますか」という疑問文なので，疑問詞の What から始めます。この後は，疑問文の語順〈do＋主語＋動詞の原形〉で

do you think とします。think の後は of を続けて，think of 〜「〜のことを考える[思う]」とします。What do you think of 〜?「〜のことをどう思いますか」の形で覚えておきましょう。

(25) 解答 ③

正しい語順 Karen (can play the piano as well) as her mother.

解説 日本文の「〜と同じくらいピアノがじょうずです」を，「〜と同じくらいじょうずにピアノを弾くことができます」と考えます。主語 Karen の後は，「ピアノを弾くことができます」の部分 can play the piano が続きます。「〜と同じくらいじょうずに」は as well as 〜 と表現します。

筆記 4A 問題編 P114〜115

全訳

お手伝いをお願いします！

毎週水曜日の放課後はあいていますか。
私の祖母の犬を散歩に連れていってくれませんか。

祖母の犬のミンディーはとても大きいのですが，祖母は足が悪いのです。私は毎週水曜日にサッカーの練習があるので，散歩に連れていくことができません。祖母は毎週 5 ドルをお支払いします。

詳しくは私にお電話ください。
555-1234
カレン・ショー

(26) 解答 ④

質問の訳 「ミンディーはだれですか」

選択肢の訳
1 カレンの祖母。　　　　2 カレンの姉[妹]。
3 カレンの犬。　　　　　4 カレンの祖母の犬。

解説 お知らせに Her dog, Mindy, is very big と書かれていて，

Mindy は Her dog の名前だとわかります。また，Her dog はその前に出てくる my grandmother's dog「私の祖母の犬」と同じ犬です。my はこのお知らせを書いた Karen を指しています。

(27) 解答 ②

質問の訳　「カレンは毎週水曜日に何をしますか」

選択肢の訳
1　彼女は散歩に行く。
2　彼女はサッカーの練習がある。
3　彼女は祖母を訪ねる。
4　彼女は犬と遊ぶ。

解　説　on Wednesdays「毎週水曜日に」については，I can't do it because I have soccer practice on Wednesdays. と書かれています。水曜日は soccer practice「サッカーの練習」があるので，それ（＝祖母の犬を散歩に連れていくこと）ができないと説明しています。

筆　記	**4B**	問題編 P116〜117

全　訳
差出人：ナン・ガリソン
受取人：シェリー・ガリソン
日付：3月3日
件名：土曜日の夕食

シェリーへ，
来週の土曜日はおじいちゃんの誕生日ね。あなたは両親といっしょに夕食を食べに私たちの家に来るのよね？　あなたに早く来てもらうことはできる？　ケーキを作るんだけど，少し手伝いが必要なの。私たちはいっしょにケーキを作れるわ。ミートボール入りのスパゲティも作るつもりよ。それはおじいちゃんが大好きなの。
愛を込めて，
おばあちゃん

162

差出人：シェリー・ガリソン
受取人：ナン・ガリソン
日付：3月3日
件名：行くわ！

こんにちは，おばあちゃん，

それは楽しそうね！　ピアノのレッスンの後におばあちゃんの家へ行くので，2時に着くわよ。自転車に乗っていくね。お母さんとお父さんは6時におばあちゃんの家に着くわ。お母さんと私はおじいちゃんにすてきなプレゼントを買ったの。おじいちゃんの大好きな作家が書いた本よ。おじいちゃんには言わないでね！

愛を込めて，

シェリー

(28) 解答 ④

質問の訳　「来週の土曜日はだれの誕生日ですか」

選択肢の訳
1　シェリーの(誕生日)。
2　シェリーの母親の(誕生日)。
3　シェリーの祖母の(誕生日)。
4　シェリーの祖父の(誕生日)。

解説　〈Whose＋名詞〉は「だれの〜」という意味です。シェリーの祖母が書いた最初のEメールの1文目に，Next Saturday is your grandfather's birthday. と書かれています。your はEメールの受取人であるシェリーのことなので，来週の土曜日はシェリーの祖父の誕生日だとわかります。

(29) 解答 ①

質問の訳　「祖父母の家へ行く前に，シェリーは」

選択肢の訳
1　ピアノのレッスンに行く。
2　パーティー用にケーキを作る。
3　母親と買い物に行く。
4　自分の大好きな作家が書いた本を読む。

解説　grandparents は「祖父母」という意味です。シェリーが書いた2番目のEメールの2文目に I'll come to your house after my piano lesson とあり，my piano lesson「ピアノのレッスン」の後に祖父母の家へ行くことがわかります。

(30) 解答 ④

質問の訳　「シェリーの両親は何時にシェリーの祖父母の家へ着きますか」

選択肢の訳　**1** 12時に。　**2** 2時に。　**3** 4時に。　**4** 6時に。

解説　What time ～「何時に～」は時刻をたずねる表現．get to ～ は「～へ到着する」という意味です．シェリーの両親の到着時刻については，2番目のEメールの4文目に Mom and Dad will get to your house at six o'clock. と書かれています．

| 筆　記 | **4C** | 問題編 P118～119 |

全　訳

特別な昼食

　2週間前，ゲンタは両親と夏休みにニューヨークへ行きました。彼らはそこに5日間滞在しました。最初の日に，ゲンタはインターネットで観光する場所を探しました。彼は有名なサンドイッチ店について読みました。その店は90年以上前に始められました。彼は母親に，「今日，このサンドイッチ店へ行ける？」とたずねました。母親は，「今日は無理よ。そこは私たちのホテルからとても遠いの」と答えました。

　3日目に，ゲンタは両親と博物館を訪れました。博物館へ行った後，ゲンタは通りの向かいに看板を見つけました。彼は，「見て！あの有名なサンドイッチ店だよ！」と言いました。彼らは中に入って，そこで昼食を食べました。ゲンタはチキンサンドイッチを食べました。それはとても大きかったので，全部は食べられませんでした。ゲンタの母親は卵サンドイッチを食べて，父親はツナサンドイッチを食べました。

　ゲンタはニューヨークで100枚以上の写真を撮りました。彼はフォトアルバムを作って，それを学校で友だちに見せるつもりです。

(31) 解答 ②

質問の訳　「ゲンタは両親とどれくらいの期間ニューヨークに滞在しましたか」

164

選択肢の訳	**1** 3日間。 **2** 5日間。 **3** 2週間。 **4** 5週間。

解説 How long ～ は「どれくらいの期間～」という意味です。ゲンタとゲンタの両親のニューヨークでの滞在期間については，第1段落の2文目に They stayed there for five days. と書かれています。there「そこに」は1文目にある New York を指しています。

(32) 解答 **4**

質問の訳 「ゲンタはインターネットで何を探しましたか」

選択肢の訳	**1** 飛行機のチケット。	**2** 母親へのプレゼント。
	3 ホテル。	**4** 観光する場所。

解説 look for ～ は「～を探す」，on the Internet は「インターネットで」という意味です。第1段落の3文目に，On the first day, Genta looked for sightseeing places on the Internet. とあります。sightseeing は「観光」という意味です。

(33) 解答 **3**

質問の訳 「ゲンタは両親といつサンドイッチ店へ行きましたか」

選択肢の訳	**1** 旅行の初日に。	**2** 旅行の2日目に。
	3 旅行の3日目に。	**4** 旅行の最後の日に。

解説 On the third day「3日目に」で始まる第2段落に，museum「博物館」へ行った後，the famous sandwich shop を見つけたことが書かれています。さらに，4文目に They went in「彼らは（サンドイッチ店の）中に入りました」とあるので，**3**が正解です。

(34) 解答 **2**

質問の訳 「ゲンタがサンドイッチを全部は食べられなかった理由は」

選択肢の訳	**1** チキンがおいしくなかった。	**2** それは大きすぎた。
	3 彼は時間がなかった。	**4** 彼はパンが好きではない。

解説 ゲンタが all of the sandwich「サンドイッチ全部」を食べきれなかった理由は，第2段落の6文目に It was very big, so he couldn't eat all of it. と説明されています。so は「だから」という意味で，It was very big が he couldn't eat all of it の理由です。

20年度第3回 筆記

165

(35) 解答 ④

質問の訳　「ゲンタはニューヨークで何枚の写真を撮りましたか」

選択肢の訳　**1** 約10枚。　**2** 50枚。　　**3** 90枚。　　**4** 100枚以上。

解　説　〈How many＋複数名詞〉「いくつの〜」は数をたずねる表現です。第3段落の1文目の Genta took more than 100 pictures in New York. から，**4** が正解です。more than 〜 は「〜以上，〜より多い」という意味です。本文の pictures「写真」の代わりに，質問では photos が使われています。

リスニング	第**1**部	問題編 P120〜122	🔊	▶MP3 ▶アプリ ▶CD 3 34〜44

[例題] 解答 ③

放送文　★：Hi, my name is Yuta.

☆：Hi, I'm Kate.

★：Do you live near here?

　1 I'll be there.　　　**2** That's it.

　3 Yes, I do.

放送文の訳　★：「やあ，ぼくの名前はユウタだよ」

☆：「こんにちは，私はケイトよ」

★：「君はこの近くに住んでいるの?」

　1 私はそこへ行くわ。　　　**2** それだけよ。

　3 ええ，そうよ。

No.1 解答 ①

放送文　★：What's on TV?

☆：There's a soccer game at seven.

★：Let's watch that.

　1 All right.

　2 It's under the chair.

　3 30 minutes.

放送文の訳　★：「テレビで何をやってる?」

☆：「7時にサッカーの試合があるわよ」

★：「それを見よう」

    1 わかったわ。

    2 それはいすの下にあるわ。

    3 30分よ。

解説 What's on TV? はテレビで何の番組をやっているかたずねる質問で，女の子は a soccer game「サッカーの試合」があると答えています。Let's ～ は「～しましょう」と提案する表現で，女の子の応答として適切なのは，サッカーの試合を見ることに同意している All right. です。

No.2　解答 ③

放送文 ☆：That's a nice suit.

    ★：Thank you.

    ☆：It looks new.

       1 Good idea.

       2 I'll take one, thanks.

       3 I got it yesterday.

放送文の訳 ☆：「それはすてきなスーツね」

    ★：「ありがとう」

    ☆：「新しそうね」

       1 いい考えだね。

       2 1つください，ありがとう。

       3 昨日買ったんだ。

解説 It looks new. の It は男性が着ている suit「スーツ」のことで，look(s) ～ は「～のように見える」という意味です。自分の着ているスーツが新しそうだと言われた男性の応答として適切なのは，それをいつ買ったか答えている **3** です。

No.3　解答 ②

放送文 ★：Are you busy this weekend?

    ☆：Yeah.

    ★：What are you going to do?

20年度第3回　リスニング

1 I'm fine, thanks.

2 Visit my grandmother.

3 It's time to start.

放送文の訳 ★：「今週末は忙しい？」

☆：「うん」

★：「何をする予定なの？」

1 私は元気よ，ありがとう。

2 祖母のところへ行くの。

3 始める時間よ。

解説 this weekend「今週末」のことが話題で，What are you going to do? は女の子が今週末に何をするかをたずねる質問です。具体的な予定を答えている**2**が正解で，visit は「～のところへ行く，～を訪ねる」，grandmother は「祖母」という意味です。

No.4 解答 **3**

放送文 ★：Hi, Mrs. Blake. Is Lee home?

☆：He's watching TV.

★：May I speak to him?

1 I'll take it.

2 I saw it.

3 Just a moment.

放送文の訳 ★：「こんにちは，ブレイクさん。リーは家にいますか」

☆：「彼はテレビを見ているわよ」

★：「彼をお願いできますか」

1 それをいただくわ。

2 私はそれを見たわ。

3 ちょっと待ってね。

解説 May I speak to ～?「～をお願いできますか，～と話せますか」は電話で自分がだれと話したいかを伝える表現です。これに対する応答として適切なのは**3**で，Just a moment. は「ちょっと待ってください」という意味です。

168

No.5 解答 ②

放送文
★：Whose speech did you like the best?
☆：Chelsea's.
★：Why did you like it?
1 I don't want to.
2 It was funny.
3 She'll come later.

放送文の訳
★：「だれのスピーチがいちばん気に入った？」
☆：「チェルシーのよ」
★：「どうしてそれが気に入ったの？」
1 私はそうしたくないわ。
2 それはおもしろかったわ。
3 彼女は後で来るわ。

解説　Why did you like it? の it は，その前の Chelsea's「チェルシーの（スピーチ）」のことです。チェルシーのスピーチを気に入った理由になっているのは **2** で，funny は「おもしろい，おかしい」という意味です。

No.6 解答 ①

放送文
★：Excuse me.
☆：How can I help you?
★：Is there a bank near here?
1 There's one around that corner.
2 After three o'clock.
3 I have many of them.

放送文の訳
★：「すみません」
☆：「どうしましたか」
★：「この近くに銀行はありますか」
1 あの角を曲がったところに１つあります。
2 ３時過ぎになります。
3 私はそれをたくさん持っています。

解説　Is there ～? は There is ～「～がある」の疑問文で，男性はこの近くに bank「銀行」があるかどうかたずねています。around

20年度第3回　リスニング

169

that corner「あの角を曲がったところに」と銀行がある場所を答えている **1** が正解です。one は a bank の代わりに使われています。

No.7　解答 ③

放送文
★：Did you bring your lunch?

☆：No.

★：I'm going to go to a Mexican restaurant. Do you want to come?
　1　No, I brought mine.
　2　Right, it was a business trip.
　3　Yeah, sounds great.

放送文の訳
★：「昼食を持ってきた？」

☆：「ううん」

★：「メキシコ料理のレストランへ行くところなんだ。君も行かない？」
　1　ううん，私は自分のを持ってきたわ。
　2　そう，それは出張だったの。
　3　ええ，いいわね。

解説
Do you want to ～? は「～したいですか，～しませんか」という意味で，男性は女性に a Mexican restaurant「メキシコ料理のレストラン」へいっしょに行かないかたずねています。これに対して，sounds great「いいわね，よさそうね」と答えている **3** が正解です。

No.8　解答 ③

放送文
★：Mom bought some doughnuts today.

☆：I know. I just had one.

★：What kind did you have?
　1　Twenty minutes ago.
　2　Yes, please.
　3　Chocolate.

放送文の訳
★：「お母さんが今日，ドーナツを買ったよ」

☆：「知ってるわ。1つ食べたところよ」

170

★：「どの種類を食べたの？」

1 20分前よ。

2 ええ，お願い。

3 チョコレートよ。

解　説	What kind の kind は「種類」という意味の名詞で，ここでは What kind (of doughnut)「どの種類（のドーナツ）」ということです。自分が食べたドーナツの種類を答えているのは，**3** の Chocolate.「チョコレート」です。

No.9 解答 ①

放送文 ☆：It's raining again.

★：Yeah. It'll snow tonight.

☆：Really? I love snow.

1 Yes, it's beautiful.

2 No, it's not sunny.

3 OK, I'll ask her.

放送文の訳 ☆：「また雨が降っているわ」

★：「そうだね。今夜は雪が降るよ」

☆：「本当？　私は雪が大好きなの」

1 うん，きれいだよね。

2 ううん，晴れてないよ。

3 わかった，彼女に聞いてみるよ。

解　説	女の子の I love snow.「私は雪が大好きなの」に対して適切な応答になっているのは，it's beautiful「それ（＝雪）はきれいだ」と言っている **1** です。男の子の It'll snow tonight. の snow は，「雪が降る」という意味の動詞です。

No.10 解答 ②

放送文 ☆：I like your bag.

★：Thanks.

☆：Where did you get it?

1 I left it at home.

2 It was a present.

　　　　　3　It's my favorite color.

放送文の訳　☆：「私はあなたのかばんが好きだわ」
　　　　　★：「ありがとう」
　　　　　☆：「どこでそれを手に入れたの？」
　　　　　　1　それを家に置き忘れたんだ。
　　　　　　2　プレゼントだったんだ。
　　　　　　3　それはぼくの大好きな色だよ。

解説　Where did you get it? の Where は「どこで」という意味の疑問詞で，it は男性が持っている bag「かばん」のことです。かばんを買った場所を答えている選択肢はありませんが，present「プレゼント」だったと言っている 2 が正解です。

リスニング 第2部　問題編 P122〜123　

No.11 解答 2

放送文　★：Is this your history book, Janet?
　　　　☆：No, Mark. It's my brother's.
　　　　★：It's heavy.
　　　　☆：I know. He's studying history in college.
　　　　Question: Whose book is it?

放送文の訳　★：「これは君の歴史の本なの，ジャネット？」
　　　　　☆：「ううん，マーク。私の兄［弟］のよ」
　　　　　★：「重いね」
　　　　　☆：「そうなの。彼は大学で歴史を勉強しているの」

質問の訳　「それはだれの本ですか」
選択肢の訳　1　それはジャネットの（本）。
　　　　　　2　それはジャネットの兄［弟］の（本）。
　　　　　　3　それはマークの（本）。
　　　　　　4　それはマークの兄［弟］の（本）。

解説　Is this your history book, Janet? に対してジャネットは No, Mark. と答えているので，1 は不正解です。その後の It's my brother's. から判断します。my はこの文を話しているジャネットのことで，brother's の後に history book が省略されています。

No. 12 解答 ①

放送文 ☆：What did you do last night, Brian?

★：I cooked dinner for my family, Helen.

☆：What did you make?

★：Spaghetti with meatballs.

Question: What did Brian do last night?

放送文の訳 ☆：「昨夜は何をしたの，ブライアン？」

★：「ぼくの家族に夕食を作ったよ，ヘレン」

☆：「何を作ったの？」

★：「ミートボール入りスパゲティだよ」

質問の訳 「ブライアンは昨夜，何をしましたか」

選択肢の訳 **1** 彼は夕食を作った。

2 彼はレストランへ行った。

3 彼はヘレンの家族を訪ねた。

4 彼はヘレンといっしょに映画を見た。

解説 What did you do last night, Brian? という質問に，ブライアンは I cooked dinner for my family, Helen. と答えています。cooked「～を料理した[作った]」の代わりに，正解の **1** では同じ意味で made が使われています。

No. 13 解答 ④

放送文 ★：I have a hamster at home.

☆：Wow.

★：Does your family have any pets?

☆：Yeah, a dog and some birds.

Question: What kind of pet does the boy have?

放送文の訳 ★：「ぼくは家でハムスターを飼ってるんだ」

☆：「すごいわね」

★：「君の家族は何かペットを飼ってる？」

☆：「ええ，犬を1匹と鳥を何羽かね」

20年度第3回 リスニング

173

| 質問の訳 | 「男の子はどんな種類のペットを飼っていますか」 |

| 選択肢の訳 | **1** ネコ。　　**2** 犬。　　**3** 鳥。　　　**4** ハムスター。 |

| 解説 | 男の子が最初に言っている I have a hamster at home. から，**4** が正解です。ここでの have は「（ペット）を飼っている」という意味です。女の子の家族が飼っている a dog and some birds と混同しないように注意しましょう。 |

No.14 解答 **2**

| 放送文 | ★：You look happy, Emily.
☆：My birthday party is tomorrow, Mr. Jones.
★：That's nice.
☆：My dad will make a cake.
Question: Why is Emily happy? |

| 放送文の訳 | ★：「うれしそうだね，エミリー」
☆：「私の誕生日パーティーが明日なんです，ジョーンズさん」
★：「それはいいね」
☆：「お父さんがケーキを作ってくれます」 |

| 質問の訳 | 「エミリーはなぜうれしいのですか」 |

| 選択肢の訳 | **1** 彼女はケーキを作る。
2 彼女は誕生日パーティーをする。
3 彼女の父親が彼女にプレゼントをあげた。
4 彼女の友だちの誕生日が今日である。 |

| 解説 | You look happy, Emily. に，エミリーは My birthday party is tomorrow, Mr. Jones. と答えています。このことを have a birthday party「誕生日パーティーをする」と表現している **2** が正解です。cake「ケーキ」を作るのはエミリーの父親なので，**1** は不正解です。 |

No.15 解答 **1**

| 放送文 | ☆：You're driving too fast, Peter.
★：Sorry.　I'll slow down.
☆：Now, turn left at the next corner.
★：OK. |

Question: Where are they talking?

放送文の訳 ☆：「スピードを出しすぎているわ，ピーター」

★：「ごめん。スピードを落とすよ」

☆：「じゃあ，次の角を左に曲がって」

★：「わかった」

質問の訳 「彼らはどこで話していますか」

選択肢の訳 **1** 車の中で。　　　　　**2** 映画館で。
3 自転車店で。　　　　**4** レストランで。

解説 You're driving too fast「あなたはスピードを出しすぎている」，slow down「スピードを落とす」，turn left「左に曲がる」などの表現から，2人が話しているのは車の中だとわかります。

No.16 解答 **2**

放送文 ☆：What's wrong, Dennis?

★：I woke up late this morning.

☆：Did you get to school on time?

★：Yes. But I didn't have breakfast.

Question: What happened this morning?

放送文の訳 ☆：「どうしたの，デニス？」

★：「今朝，寝坊したんだ」

☆：「学校へは時間通りに着いたの？」

★：「うん。でも朝食は食べなかったよ」

質問の訳 「今朝，何が起きましたか」

選択肢の訳 **1** デニスが朝食を作った。　　**2** デニスが寝坊した。
3 デニスが宿題を忘れた。　　**4** デニスが学校に遅刻した。

解説 デニスの I woke up late this morning. から，**2** が正解です。woke は wake の過去形で，wake up late は「遅く起きる」，つまり「寝坊する」という意味です。on time「時間通りに」を使った Did you get to school on time? という質問には Yes. と答えているので，**4** を選ばないように注意しましょう。

No.17 解答 **4**

放送文 ☆：It's so hot today, and there's no wind.

20年度第3回　リスニング

175

★：Do you want something to drink?

☆：Can I have some cold water?

★：Sure.

Question: How is the weather today?

放送文の訳 ☆：「今日はとても暑くて，風がまったくないわね」

★：「何か飲み物はいる？」

☆：「冷たい水をもらえる？」

★：「わかった」

質問の訳 「今日の天気はどうですか」

選択肢の訳 **1** 雨。 **2** 風が強い。 **3** 寒い。 **4** 暑い。

解　説 最初の It's so hot today から，**4** が正解です。この後に there's no wind と言っているので，**2** の Windy. は不正解です。また，cold water「冷たい水」を聞いて **3** を選んでしまわないように注意しましょう。

No.18 解答 **2**

放送文 ☆：Mr. Franklin, I forgot to bring my pencil case.

★：Do you have any pencils in your desk?

☆：No.

★：You can use one of mine today, then.

Question: What is the girl's problem?

放送文の訳 ☆：「フランクリン先生，私は筆箱を持ってくるのを忘れてしまいました」

★：「君の机の中に鉛筆はあるかい？」

☆：「いいえ」

★：「それでは，今日は私の鉛筆を 1 本使っていいよ」

質問の訳 「女の子の問題は何ですか」

選択肢の訳 **1** 彼女は学校に遅刻した。 **2** 彼女は筆箱を忘れた。
3 彼女の机が壊れている。 **4** 彼女の宿題が難しすぎる。

解　説 女の子の problem「問題」が何かは，最初の Mr. Franklin, I forgot to bring my pencil case. からわかります。forgot は forget の過去形で，forget to ～ は「～することを忘れる」という意味です。one of mine は one of my pencils「私の鉛筆の 1

176

本」ということです。

No. 19 解答 ③

放送文　★：Hello, Anderson Pizza.

☆：Hi, I'd like a large cheese pizza.

★：Would you like a salad, too?

☆：No, thank you.

★：That'll be $15. It'll be ready in 35 minutes.

Question: When will the pizza be ready?

放送文の訳　★：「もしもし，アンダーソン・ピザです」

☆：「こんにちは，ラージサイズのチーズピザをお願いします」

★：「サラダもいかがですか」

☆：「いいえ，けっこうです」

★：「15ドルになります。35分後にご用意できます」

質問の訳　「ピザはいつ用意できますか」

選択肢の訳　**1** 5分後に。　**2** 15分後に。　**3** 35分後に。　**4** 50分後に。

解説　女性が電話で a large cheese pizza「ラージサイズのチーズピザ」を注文している場面です。男性店員の It'll be ready in 35 minutes. から，**3** が正解です。ready は「用意ができて」，in ～ minutes は「～分後に」という意味です。

No. 20 解答 ③

放送文　★：I'm going to the supermarket to get some milk and bread.

☆：Can you get some apples for me, please?

★：Sure. Anything else?

☆：No, thanks.

Question: What will the man get for the woman?

放送文の訳　★：「牛乳とパンを買いにスーパーマーケットへ行ってくるね」

☆：「私にリンゴを買ってきてくれる？」

★：「わかった。何かほかには？」

☆：「ううん，だいじょうぶ」

質問の訳　「男性は女性のために何を買いますか」

選択肢の訳　**1** 牛乳。　**2** パン。　**3** リンゴ。　**4** ジュース。

177

| 解　説 | スーパーマーケットへ行ってくるという男性に，女性は Can you get some apples for me, please? と頼んでいます。男性は Sure. と答えているので，**3** が正解です。**1** の milk と **2** の bread は，最初に男性が買いに行くと言った物です。 |

リスニング　第**3**部　問題編 P123〜124　🔊 ▶MP3 ▶アプリ ▶CD 3 56〜66

No. 21 解答 ④

| 放送文 | I was very busy today. I had two tests at school. When I got home, I made dinner with my mom. After dinner I cleaned my room.

Question: What is the girl talking about? |

| 放送文の訳 | 「今日，私はとても忙しかったです。学校でテストが2つありました。家に着くと，私はお母さんといっしょに夕食を作りました。夕食後に，私は自分の部屋を掃除しました」 |

| 質問の訳 | 「女の子は何について話していますか」 |

| 選択肢の訳 | **1**　彼女の学校。　　　　　　**2**　彼女の宿題。
3　彼女の家。　　　　　　　**4**　彼女の忙しい1日。 |

| 解　説 | busy は「忙しい」という意味です。最初の I was very busy today. の後，had two tests「2つのテストがあった」，made dinner「夕食を作った」，cleaned my room「自分の部屋を掃除した」と，忙しかった1日について説明しています。 |

No. 22 解答 ②

| 放送文 | Last weekend, Bob read about bicycles on the Internet. He is going to buy one because his new office is near his home. He won't need his car anymore.

Question: What is Bob going to buy? |

| 放送文の訳 | 「先週末，ボブは自転車についてインターネットで読みました。新しいオフィスが自分の家の近くなので，彼は1台買う予定です。彼はもう車を必要としなくなるでしょう」 |

178

| 質問の訳 | 「ボブは何を買う予定ですか」 |

| 選択肢の訳 | 1 車。　　　　　　　　　　2 自転車。 |
| | 3 コンピューター。　　　　4 本。 |

解説　2文目の He is going to buy one の one は，1文目の Last weekend, Bob read about bicycles on the Internet. を受けて a bicycle「1台の自転車」のことです。最後の文の won't は will not の短縮形で，not ～ anymore は「もう～ない」という意味です。

No.23 解答 ③

放送文　Ted and his brother like soccer. This morning, they played soccer together. Tonight, they'll watch a soccer game on TV.

Question: When will Ted and his brother watch a soccer game?

放送文の訳　「テッドとテッドの兄[弟]はサッカーが好きです。今日の午前中，彼らはいっしょにサッカーをしました。今夜，彼らはテレビでサッカーの試合を見ます」

質問の訳　「テッドとテッドの兄[弟]はいつサッカーの試合を見ますか」

選択肢の訳　1 今日の午前中。　　　　2 今日の午後。
　　　　　　　3 今夜。　　　　　　　　4 明日の午前中。

解説　最後の文は Tonight「今夜」で始まっていて，その後に they'll watch a soccer game on TV が続いています。they は Ted and his brother を指しています。watch ～ on TV は「～をテレビで見る」という意味です。

No.24 解答 ①

放送文　I had a math test last week. I got a good grade on it. I don't like math, so I was surprised.

Question: Why was the boy surprised?

放送文の訳　「ぼくは先週，数学のテストを受けました。そこでよい点数を取りました。ぼくは数学が好きではないので，驚きました」

質問の訳　「男の子はなぜ驚いたのですか」

20年度第3回　リスニング

179

選択肢の訳
1 彼はテストでよい点数を取った。
2 彼は賞を取った。
3 彼の新しい先生がすばらしかった。
4 彼は自分の教科書を見つけた。

解説
2文目の got a good grade on ～ は「～でよい点数[成績]を取った」という意味で，it は1文目にある先週受けた a math test「数学のテスト」のことです。I don't like math「数学が好きではない」のにテストでよい点数を取ったことが驚いた理由です。

No. 25 解答 ②

放送文
Welcome to Ryan's Café. If you have our hamburger special, you'll get a free glass of orange juice. Our soup today is tomato.

Question: Who is talking?

放送文の訳
「ライアンズ・カフェへようこそ。当店のハンバーガースペシャルをご注文いただくと，オレンジジュースを1杯無料で差し上げます。本日のスープはトマトです」

質問の訳
「だれが話していますか」

選択肢の訳
1 先生。　　　　　　　　　2 ウエートレス。
3 タクシーの運転手。　　　4 警察官。

解説
Welcome to ～ は「～へようこそ」という意味です。If you have ～, you'll get …「～をご注文いただくと，…を差し上げます」や，Our soup today is ～「本日のスープは～です」と説明していることなどから，話しているのは Ryan's Café の waitress「ウエートレス」だと予想できます。

No. 26 解答 ①

放送文
I want to take a trip during summer vacation. Last year, I visited Japan, so this year I'll go to Australia. Next year, maybe I'll go to England.

Question: Where will the man go this summer?

放送文の訳
「ぼくは夏休みに旅行をしたいと思っています。昨年，日本を訪ねたので，今年はオーストラリアへ行きます。来年は，たぶんイング

180

ランドへ行きます」

質問の訳 「男性は今年の夏にどこへ行きますか」

選択肢の訳
1 オーストラリア。　　2 イングランド。
3 フランス。　　4 日本。

解説 Last year「昨年」→ visited Japan，this year「今年」→ go to Australia，Next year「来年」→ go to England の各情報を混同しないように聞き分けることがポイントです。質問では，男性がthis summer「今年の夏」にどこへ行くかたずねています。

No. 27 解答 **4**

放送文 I'm studying at university to become a doctor. I want to help sick children in the future, so I'll work at a children's hospital.

Question: What does the woman want to do in the future?

放送文の訳 「私は医者になるために，大学で勉強しています。私は将来，病気の子どもたちを助けたいので，小児病院で働くつもりです」

質問の訳 「女性は将来，何をしたいですか」

選択肢の訳
1 大家族を持つ。　　2 大学で勉強する。
3 旅行する。　　4 病気の子どもたちを助ける。

解説 in the future「将来に」何をしたいかについては，2文目でI want to help sick children と言っています。sick は「病気の」という意味で，children は child「子ども」の複数形です。2のStudy at university. は女性が現在していることです。

No. 28 解答 **3**

放送文 I visit my grandmother every year. Last year, I stayed at her house for three days. This year, I'll stay there for a week.

Question: How long will the boy stay at his grandmother's house this year?

放送文の訳 「ぼくは毎年，祖母を訪ねます。昨年，ぼくは祖母の家に3日間滞在しました。今年は，そこに1週間滞在する予定です」

質問の訳 「男の子は今年，どれくらいの期間祖母の家に滞在する予定ですか」

20年度第3回　リスニング

181

| 選択肢の訳 | **1** 1日。 **2** 3日間。 **3** 1週間。 **4** 3週間。 |

| 解説 | 質問の How long は「どれくらいの期間」という意味です。her house「彼女（＝祖母）の家」での滞在期間は，Last year「昨年」が for three days「3日間」で，This year「今年」は for a week「1週間」の予定です。質問では，今年についてたずねています。 |

No.29 解答 **4**

| 放送文 | Karen will go on a school trip tomorrow. She has to go to school at 6 a.m. She needs to go to bed early tonight.
Question: What does Karen need to do tonight? |

| 放送文の訳 | 「カレンは明日，修学旅行に出かけます。彼女は午前6時に学校へ行かなければなりません。彼女は今夜は早く寝る必要があります」 |

| 質問の訳 | 「カレンは今夜，何をする必要がありますか」 |

| 選択肢の訳 | **1** 宿題を終わらせる。 **2** 自分の旅行について話を書く。
3 学校へ行く。 **4** 早く寝る。 |

| 解説 | 最後の文の She needs to go to bed early tonight. から，**4** が正解です。need(s) to ～ は「～する必要がある」，go to bed early は「早く寝る」という意味です。**3** の Go to school. は明日の朝にすることなので，不正解です。 |

No.30 解答 **3**

| 放送文 | My mother usually cooks bacon and eggs for breakfast. Today, she went to work early, so I only had toast.
Question: What did the boy eat for breakfast this morning? |

| 放送文の訳 | 「ぼくの母は普段，朝食にベーコンエッグを作ります。今日，母は早い時間に仕事へ行ったので，ぼくはトーストだけ食べました」 |

| 質問の訳 | 「男の子は今朝，朝食に何を食べましたか」 |

| 選択肢の訳 | **1** パンケーキ。 **2** ベーコン。
3 トースト。 **4** 卵。 |

| 解説 | My mother usually ～. Today, … 「ぼくの母は普段～。今日，…」の流れに注意します。最後の I only had toast から，**3** が正解です。ここでの had は「～を食べた」という意味です。**2** の Bacon. と **4** の Eggs. は，母親が普段朝食に作るものです。 |

182

英検受験の後は 旺文社の 英検®一次試験 解答速報サービス

PC・スマホからカンタンに自動採点！

- ウェブから解答を入力するだけで，リーディング・リスニングを自動採点
- ライティング（英作文）は観点別の自己採点ができます

大問別の正答率も一瞬でわかる！

- 問題ごとの○×だけでなく，技能ごと・大問ごとの正答率も自動で計算されます

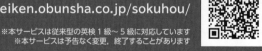

英検®一次試験 解答速報サービス
https://eiken.obunsha.co.jp/sokuhou

※本サービスは従来型の英検1級～5級に対応しています
※本サービスは予告なく変更，終了することがあります

旺文社の英検®合格ナビゲーター　https://eiken.obunsha.co.jp/

英検合格を目指す方には英検®合格ナビゲーターがオススメ！
英検試験情報や級別学習法，オススメの英検書を紹介しています。